KULTUR-CAMPING

OSTSEEKÜSTE

MECKLENBURG-VORPOMMERN

KULTUR-CAMPING

HOLGER OHMSTEDT

OSTSEEKÜSTE

MECKLENBURG-VORPOMMERN

belser

INHALT

356

WASSER, WEITE, WIND UND WELLEN

Mit dem Camper mitten in den Dünen an der Ostsee stehen, das geht nicht nur im legendären Regenbogen-Camp in Prerow. Mecklenburg-Vorpommern hat sich gut auf den Boom der Wohnmobilreisenden eingestellt.

URLAUB AN DER Mecklenburg-Vorpommer'schen Ostseeküste ist auch ein Kulturerlebnis: prächtige spätmittelalterliche Gebäude der **Backsteingotik**, intakte **Hansestädte** wie Stralsund und Wismar, die sich mit dem UNESCO-Welterbestatus schmücken können, und **Kaiserbäder** mit weißen Bäderarchitektur-Villen und langen Seebrücken. Nirgendwo in Kontinentaleuropa ist die Dichte an **Herrenhäusern** und Schlössern höher als in Mecklenburg-Vorpommern. Viele dieser 2 000 Prunkbauten sind bei einem Tagesausflug von der Ostseeküste aus einfach zu erreichen.

Highlight der Museumslandschaft an der Ostseeküste ist das **Ozeaneum Stralsund**. Beeindruckend ist die weltweit größte Ausstellung über **Wale** mit Nachbildungen der **Meeresgiganten in Originalgröße**, darunter ein 26 Meter langer Blauwal. Einzigartig ist die thematische Route durch die nördlichen Meere mit 50, teils riesigen Aquarien. Panoramascheiben geben den Blick frei auf unheimlich aussehende Hai- und Rochenarten. Auch in die Lebensräume von Kegelrobben, Seeadlern oder winzig kleinem Plankton gibt Europas größte Ostsee-Ausstellung Einblicke.

Wer nach einem Besuch der Kreidefelsen auf Rügen die Bilder von **Caspar David Friedrich** im Original sehen will, ist im Pommerschen Landesmuseum in Greifswald richtig. Ein Kloster aus dem 15. Jahrhundert wurde hier mit viel architektonischem Fingerspitzengefühl zu einem preisgekrönten Museum ausgebaut. Neben der Gemäldegalerie wird die Geschichte der Region gut museal aufgearbeitet, von den ersten Siedlern in Pommern über die glanzvolle Epoche der Hanse, der schwedischen und preußischen Herrschaft bis zur Entstehung der Kaiserbäder.

Auf Aktivurlauber warten gut ausgebaute Radwege, vom **Ostseeküstenradweg**, der einmal die gesamte Küste entlangführt, bis zur überschaubaren Umrundung des Inselidylls **Poel**. Auch abseits der Küste ist auf dem Rad viel zu entdecken. Im Klützer Winkel steht mit **Schloss Bothmer** die größte barocke Schlossanlage des Landes. Mitten im historischen Ortskern von Klütz ist das Literaturhaus in einem alten Getreidespeicher ein beliebter Veranstal-

Sommerhighlight: Schlossfestspiele Schwerin

tungsort. Hunderte Kilometer Wanderwege führen in ruhige Teile von Usedom oder unter in Windrichtung gewachsenen Bäumen hindurch am Wieker Bodden entlang.

Besondere Ruhe versprechen die Wanderungen auf alten Pilgerpfaden. Bei diesem achtsamen oder meditativen Wandern ist das Ziel nicht wichtig, im Vordergrund steht, den Augenblick zu genießen und neue Naturerlebnisse zu entdecken. Die **Via Baltica**, der baltische Weg der Jakobspilger, führt über 16 Etappen durch Mecklenburg-Vorpommerns Norden, vom polnischen Swinemünde bis nach Lübeck. Die Hansestadt **Greifswald** mit der **Klosterruine Eldena** ist eine der ersten Stationen. Außerhalb der Städte führt die Wanderung abseits großer Straßen durch Felder und Wiesen. Oft hat man dabei in der Ferne die Ostsee im Blick; auf dem Weg viele Dörfer mit beeindruckenden Kirchtürmen und erhabenen Klöstern.

Ein kulturelles Zentrum der Küstenregion ist **Wismar**. Die Silhouette der Hansestadt prägen die gotischen Türme der Kirchen. Die Nikolaikirche, die als Gotteshaus für Seefahrer und Fischer erbaut wurde, ist ein Meisterwerk der Spätgotik.

Auf die Insel **Poel** kommt man von Wismar aus nur über einen Brückendamm. Vielleicht hat sich deshalb die in der Wismarer Bucht gelegene Insel viel von ihrer reinen Natur bewahren können! Hier gibt es keine lauten Flaniermeilen oder langen Promenaden, dafür aber schöne Strände, Campingplätze und ganz viel grüne Wiesen und Felder. Vom Örtchen Gollwitz aus lassen sich Schwalben und Austernfischer im Naturschutzgebiet Langenwerder beobachten. Um die Vogelwelt zu schützen, darf diese kleine Insel nur im Rahmen geführter Touren zusammen mit einem Vogelwart besucht werden.

Rund **1 400 Kilometer Küstenlinie** bieten Wassersportfans abwechslungsreiche Plätze zum Schwimmen, Segeln, Tauchen, Paddeln oder Surfen. Egal, ob man einen Sandstrand mit besonders guter Wasserqualität sucht, den eigenen Hund mit an die Küste nehmen will oder ein Strandkorbverleih vorhanden sein soll, ein Blick auf eine Karte zeigt, dass Urlauber die Auswahl unter mehr als 60 Ostseestränden haben. Darunter sind auch Strände ohne Strandgebühr wie der in Börgerende, der abends auch noch fantastische Sonnenuntergänge bietet. Den breitesten Ostseestrand bietet **Warnemünde**. Wegen der vielen Veranstaltungen zählt er auch zu den lebendigsten. Wer lieber mal in Ruhe am Strand spazieren gehen will, kann auf das Ostseebad Markgrafenheide ausweichen, das den längsten Strandabschnitt der Rostocker Seebäder bietet. Die beste Kombination von Großstadtangeboten und Naturerlebnis bietet **Graal-Müritz**. Das Tor zur Halbinsel Fischland-Darß-Zingst ist von der Rostocker Heide umgeben und liegt ganz in der Nähe der Hansestadt Rostock.

Sand und sanfte Klänge: Usedomer Musikfestival

Greifswalder Wahrzeichen: Klosterruine Eldena

Der älteste Seebadeort Deutschlands ist **Heiligendamm**. In der „weißen Stadt am Meer“ liegt der Strand direkt vor der prachtvollen Kulisse der großbürgerlichen Bäderarchitektur. Als Alternative zum Auto oder Fahrrad kommt man mit der Schmalspur-Bäderbahn Molli nach Heiligendamm.

Mit der längsten Strandpromenade der Region lockt **Kühlungsborn**, der größte Bade- und Erholungsort an der mecklenburgischen Ostseeküste. Der Leuchtturm Bastorf ist Startpunkt für abwechslungsreiche Wanderungen.

Ein Drittel der Landesfläche Mecklenburg-Vorpommerns steht unter Naturschutz. Drei **Nationalparks**, drei **Biosphärenreservate** und sieben **Naturparks** bewahren die Tier- und Pflanzenwelt. Küstennah kann man über wandernde Dünen staunen, über vor dem Wind flüchtende Bäume oder das

Leben auf salzigen Wiesen. Besonders in den Sommermonaten ziehen drei Adlerarten ihre Kreise über der Küste. Aus bis zu 60 Metern Höhe stürzen sie herab, um mit ihren Krallen einen zappelnden Fisch aus dem Wasser zu ziehen. Seeadler leben hier das ganze Jahr über, Fischadler und Schreiadler ziehen zum Überwintern in wärmere Gegenden.

Den größten Teil von **Fischland-Darß-Zingst** nimmt der Nationalpark Vorpommersche Boddenlandschaft ein. Hirsche kommen bis an den Strand und während der Rastzeiten kann man Tausende Kraniche beobachten. Die schmale Landzunge zwischen Meer und Bodden gehört mit ihren Flach- und Steilufern, Strandseen, Buchten und Dünen zu den schönsten und abwechslungsreichsten Landschaften an der Ostsee.

Das schöne Künstlerdorf **Ahrenshoop** hat schon früh Maler und Dichter angezogen, die sich auf Leinwand und Papier mit den Naturgewalten auseinandersetzten. Schön, dass hier auf Tradition viel Wert

Sehnsuchtsorte: Fischland-Darß-Zingst

Typische Zeesenboote auf dem Bodden

gelegt wird. Auch neue Häuser bekommen ein Rohrdach und manchmal auch eine geschnitzte Holztür. Ein Höhepunkt im Veranstaltungskalender sind die Ende Juni stattfindenden **Zeesboot-Regatten**, bei denen Mannschaften in traditionellen Segelfischerbooten gegeneinander antreten.

Zingst mit seinem fast 30 Meter breiten Sandstrand und zahlreichen Flachwassergebieten ist der ideale Ausgangspunkt für einen Badeurlaub. An der Zingster Seebrücke bietet eine Tauchglocke die Möglichkeit, auf den Grund der Ostsee abzutauchen. Zwischen Zingst und Dierhagen führen schöne Joggingstrecken an Bodden und Ostsee entlang.

Zwischen Mai und September ist der Veranstaltungskalender an der Küste Mecklenburg-Vorpommerns stets gut gefüllt. Große **Musikfestivals** vor spektakulärer Kulisse und maritime Großveranstaltungen für Fans von Schiffen wechseln sich ab.

Auch kulinarisch tut sich viel. **Genussmanufakturen**, Hofläden, Brauer und Brenner haben sich auf Wohnmobilisten eingestellt – und manchmal gibt's nichts Leckereres als den einfachen Räucherfisch, der am Hafen frisch aus dem Ofen kommt.

Rügen ist mit 926 Quadratkilometern die größte Insel Deutschlands. Weil sie zehnmal größer als Sylt ist, aber nur dreimal so viele Einwohner hat, finden auch Ruhe suchende Urlauber hier ihr Fleckchen. **Binz auf Rügen** unterhält am Strandaufgang 7 einen eigenen **Kulturstrand** mit Barfußkonzerten. Die Insel setzt mit ihren 574 Kilometern Küstenlänge auch immer stärker auf Gesundheitsurlaub. Göhren ist als Kneippkurort anerkannt. Wasser, Bewegung, Kräuter, Entspannung und gesunde Ernährung sind eine gute Ergänzung zu Sonne, Sand und Meeresrauschen.

Vorbei an alten Hünengräbern und hundertjährigen Leuchttürmen führen Wanderwege durch riesige Buchenwälder und entlang ruhig gelegener Seen. Wer gut in Form ist, kann sich Rügen auch in fünf Tagen komplett erradeln. Der 275 Kilometer lange **Rügen-Rundweg**, der in Sassnitz beginnt, führt an allen Sehenswürdigkeiten der Insel vorbei und beinhaltet auch kurze Etappen mit der Fähre.

Rügens imposante Kreidefelsen

Wenn man in **Sellin** an den prächtigen Villen mit ihren Erkern, Türmchen und verzierten Veranden vorbeispaziert, kommt das Gefühl der Sommerfrische auf. In Binz erregen neben den Bäderarchitekturbauten die skulpturalen Schalenbetongebäude des visionären Binzer Landbaumeisters Ulrich Müther architektonisch Aufsehen. Von Sassnitz ist es nicht weit zu den **Kreidefelsen** im Nationalpark Jasmund. Von dem ressourcenschonend errichteten Baumwipfelpfad aus bieten sich schöne Perspektiven auf

UNESCO-geschützt: die Wismarer Schweinsbrücke

die Insel. Der kleine Badeort Baabe hat sich durch die vielen erhaltenen Reetdachhäuser den ursprünglichen Charme eines Fischerdorfs bewahrt. In Putbus hinterließ Fürst Wilhelm Malte I. ein einmaliges Ensemble aus Architektur, Kunst und Landschaft mit Circus und Theater.

Auch wenn **Hiddensee** autofrei ist, sollte man die Insel als Camper nicht verpassen und mal für einen Tag mit dem Schiff rüberfahren: Hiddensee bietet auf 17 Kilometern Länge viel mehr als den bekannten Wetterleuchtturm am Dornbusch. Literaten und Maler, die sich hierhin zurückgezogen hatten, haben ihre Spuren hinterlassen. Landschaftlich ist die Insel von Dünen, Kliffküsten, langen Sandstränden und vogelreichem Schwemmland geprägt. Die Seepferdcheninsel ist Teil des Nationalparks Vorpommersche Boddenlandschaft.

Die Ferieninsel **Usedom** ist eine kleine Welt für sich. Über zwei Brücken ist sie mit dem Festland verbunden. Auf der einen Seite 42 Kilometer Sandstrand, auf der anderen Seite zum Kanufahren das Achterwasser, eine Lagune des Peenestroms. Das Achterland zwischen Peenestrom, Stettiner Haff und Achterwasser ist wald- und seenreich. Gothensee und Kacheliner See liegen in einer Wander- und Radfahrgegend. Ahlbeck, Heringsdorf und Bansin sind die Kaiserbäder. Hier bauten Adlige ihre Sommervillen und verbrachten die warmen Monate auf dem schmalen, von Ostsee und Achterwasser umspülten Land. Wahrzeichen Usedoms ist die Seebrücke Ahlbeck, die älteste Seebrücke Deutschlands. Sie steht für 100 Jahre Bädergeschichte und inspirierte Maler und Dichter.

Mecklenburg-Vorpommern ist vielfältig – egal, ob man Wellnessangebote sucht oder nur im Strandkorb relaxen will, ob man im Kanu durch die Natur gleiten oder historische Kaufmannshäuser in den Hansestädten entdecken will. Rügens Kreidefelsen sind jedem ein Begriff, doch auch jahrhundertealte Buchenwälder und die Rastplätze von Tausenden von Kranichen haben ihren ganz besonderen Reiz.

WISSEN & STAUNEN

Stralsund und Wismar sind die **WIEGEN DER KAUFHÄUSER** in Deutschland. Rudolph Karstadt gründete 1881 sein erstes Kaufhaus in Wismar. Hertie und Kaufhof entstanden aus Leonhard Tietz' Stralsunder Kaufhaus.

*

Seine ersten Flugversuche machte der **LUFTFAHRTPIONIER OTTO VON LILIENTHAL** in Anklam. Der Flugzeugingenieur Ernst Heinkel baute in Rostock mit der He 70 das schnellste Passagierflugzeug seiner Zeit.

*

Der **UNBEKANNTESTE NOBELPREISTRÄGER DEUTSCHLANDS** ist vermutlich der Rostocker Reedersohn Albrecht Kossel. Er entdeckte Ende des 19. Jahrhunderts die Nucleinbasen und ermöglichte dadurch die **ENTSCHLÜSSELUNG DER DNA**.

*

Rügen ist mit 926 Quadratkilometern zehnmal größer als Sylt – hat aber nur dreimal so viele Bewohner.

*

Mit dem **SAMMELN VON OVALEN FLINTSTEINEN AM STRAND** konnte man zu DDR-Zeiten noch steinreich werden. Porzellanhersteller waren auf die sehr harten Steine angewiesen, um die Porzellanrohstoffe in den Mahltrommeln zerkleinern zu können.

*

RÜGEN IST EIN HOTSPOT DER UNTERWASSERDENKMÄLER – von mittelalterlichen Koggen bis zu U-Booten auf dem Ostseegrund. Für Taucher gibt es ein archäologisches Freiwassermuseum. Besonders gut erhalten ist die „Amazone", ein 30 Meter langer Stahlfrachter, der 1939 vor Stubbenkammer gesunken ist.

*

Mehr als **2 000 SCHLÖSSER UND HERRENHÄUSER** gibt es in Mecklenburg-Vorpommern. Nirgendwo auf dem europäischen Festland findet man mehr dieser Prachtbauten.

*

Zum Umweltfotofestival „horizonte zingst" treffen sich jedes Frühjahr die **BESTEN UMWELTFOTOGRAFEN**. Der ganze Ort wird zu einer großen Fotoausstellung zum Nulltarif.

ZONE
P

WISMARER BUCHT

WISMARER BUCHT

UNESCO-Weltkulturerbe am Meer

Die Inseln hier heißen Walfisch und Poel. Von Boltenhagen bis Rerik ziehen sich viele Buchten und Naturschutzgebiete. Mittendrin die stolze Hansestadt Wismar mit ihren monumentalen Backsteinkirchen. Im Klützer Winkel steht mit dem Schloss Bothmer ein Barockjuwel.

FÜR OSTSEEVERHÄLTNISSE HAT die **Wismarer Bucht** schon etwas von Südsee – zumindest geografisch. Sie ist der südlichste Teil der Ostsee. Weiter südlich als in den Wismarer Hafen, in den die Köppernitz fließt, geht es in diesem Meer nicht.

Mit ihren 12 000 Jahren ist die **Ostsee** das jüngste Meer Europas. Lange Zeit war sie ein Süßwassermeer. Erst als vor 5 000 Jahren ein Anstieg des Meeresspiegels zu einer erneuten Verbindung mit der Nordsee führte, strömte wieder Salzwasser in die Ostsee ein. Ein Liter Salzwasser, der von der Nordsee in die Ostsee fließt, braucht rund 30 Jahre, bis er wieder zurückgelangt. Von der Fläche her ist die Ostsee um zehn Prozent größer als Deutschland. Die Wassermenge der Ostsee würde zweimal in die Nordsee hineinpassen.

WOHLSTAND DURCH HANDEL

Im **Wismarer Hafen** liegt die Poeler Kogge „Wissemara", ein Nachbau des Originals aus dem 14. Jahrhundert. Sie verweist auf die Geschichte der Stadt Wismar als Umschlagplatz für Seegüter: Weine aus Spanien, Italien und Frankreich, Pelze und Holz aus Russland, Felle aus Norwegen, Tuche, Seide und Wolle, vor allem aber Fische, Gewürze, Wachs, Malz und Salz. Wismar wurde durch den Handel wohlhabend und im **Hansebund** die „Schöne und Mächtige" genannt. Heute sind es die Kreuzfahrtschiffe, die einen den Hals recken lassen, wenn sie im Hafen festmachen. Einen ersten Eindruck von Wismar am Wasser kann man gut auf einer einstündigen Hafenrundfahrt bekommen. Zu mehrstündigen Segeltörns legt der Segelschoner „Atalanta" ab.

Die historische Altstadt Wismars wurde Welterbe der UNESCO, weil sie so vorbildlich das Erbe der Hanse bewahrt. Der Stadtkern zählt mit seinen **1 750 Vorder- und Giebelhäusern** zu den besterhaltenen in Europa. Dabei stechen viele Einzeldenkmale heraus: der Markt mit dem Rathaus, die Wasserkunst und das Bürgerhaus Alter Schwede.

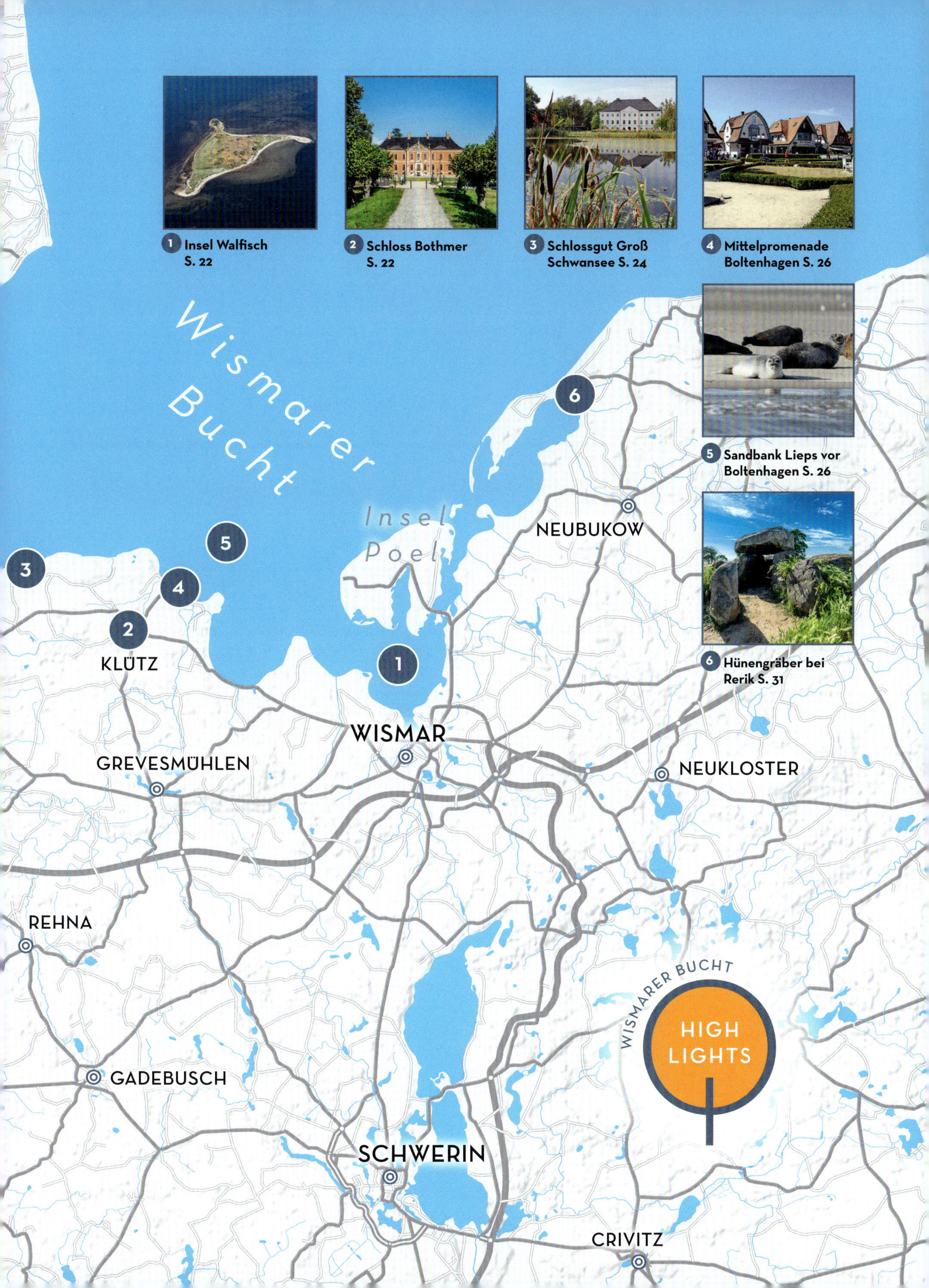

1 Insel Walfisch S. 22
2 Schloss Bothmer S. 22
3 Schlossgut Groß Schwansee S. 24
4 Mittelpromenade Boltenhagen S. 26
5 Sandbank Lieps vor Boltenhagen S. 26
6 Hünengräber bei Rerik S. 31
Wismarer Bucht
Insel Poel
NEUBUKOW
KLÜTZ
WISMAR
GREVESMÜHLEN
NEUKLOSTER
REHNA
GADEBUSCH
SCHWERIN
CRIVITZ
WISMARER BUCHT
HIGH LIGHTS

Wismar, Hansestadt mit Seefahrertradition

Der UNESCO-Titel hat in Wismar viel verändert. Junge Leute ziehen seitdem wieder in die Altstadt. Sie ist jetzt mit Abstand der Stadtteil mit der jüngsten Bevölkerung, und sie ist nicht nur historisch, sondern mit 650 kleinen Geschäften und Betrieben auch sehr vital.

MEISTERLICHE BAUWERKE

Dass man ein Gebäude zur Trinkwasserversorgung der Stadt sehr kunstvoll gestalten kann, bewiesen Wismars Stadtväter 1579. Sie beauftragten einen holländischen Baumeister, das kleine Wasserwerk im Renaissancestil zu bauen. Holzrohre verbanden die Quellen bei Metelsdorf für fast 300 Jahre mit der **Wasserkunst** mitten auf dem riesigen Marktplatz.

TIPP
SEHENSWERT
In zwei historischen Bürgerhäusern, dem Museum Schabbellhaus, präsentiert die Hansestadt Wismar ihre 800-jährige Geschichte – von der mittelalterlichen Stadtgründung bis zur friedlichen Revolution in der DDR.
www.wismar.de/Tourismus/Museum-Schabbell

Wismar hat viele solcher Schätze. An der Ostseite des Marktplatzes steht eines der ältesten Bürgerhäuser der Stadt. Das von allen **Alter Schwede** genannte spätgotische Giebelhaus erinnert an die Zeit der Schwedenherrschaft. Im Dreißigjährigen Krieg wurde Wismar durch schwedische Truppen besetzt und 1648 im Westfälischen Frieden Schweden zugesprochen. Vor dem Baumhaus am **Alten Hafen** ruhen auf Duckdalben die farbenfrohen „Schwedenköpfe", die hölzernen Wahrzeichen der Stadt.

Ein prächtiges Beispiel norddeutscher Backsteingotik ist das Wohnhaus des Archidiakons am Marienkirchplatz. Hier wohnte und arbeitete im Mittelalter der Vertreter des Bischofs. Von der mal mächtigen **Marienkirche** ist nur der 80 Meter hohe Turm erhalten geblieben. Die Zifferblätter der weithin sichtbaren Uhr haben einen Durchmesser von fünf Metern. Um zwölf Uhr, 15 Uhr und 19 Uhr spielt das Glockenspiel einen Choral. **St. Georgen**, direkt nebenan, war immer die Kirche der Handwerker und Gewerbetreibenden. Seit 2010 wird das wiederaufgebaute Gebäude auch als Kulturkirche für Konzerte, Ausstellungen und Lesungen genutzt. Das dritte Monument der Backsteingotik ist die Seefahrer- und Fischerkirche **St. Nikolai**. In unmittelbarer Nachbarschaft steht der **Fürstenhof**, früher die Sommerresidenz der mecklenburgischen Herzöge in Wismar.

WIEGE DES KARSTADT-KONZERNS

Schon der Name der Krämerstraße, eine der drei großen Hauptstraßen, weist darauf hin, dass sie seit der Stadtgründung eine Handelsstraße war. Hier an der Ecke zur Lübschen Straße eröffnete **Rudolph Karstadt** 1881 mit einem Angestellten sein erstes „Tuch-, Manufactur- und Confectionsgeschäft". Damals völlig unüblich, akzeptierte Karstadt Barzahlung. Der Grundstein für den späteren Karstadt-Konzern war gelegt.

TIPP KULINARISCH

Im Brauhaus am Lohberg wird seit mehr als 500 Jahren Bier gebraut. Neben dem selbst gebrauten Bier gibt's im Gasthaus rustikale Mecklenburger Küche.
www.brauhaus-wismar.de

FLANIERMEILE MÜHLENBACH

Die **Grube**, ein Wasserlauf, der sich durch Wismars Altstadt zieht, wurde künstlich angelegt. Über den Mühlenteich, den Wallensteingraben und den Lostener See verbindet sie den Schweriner See mit der Ostsee. Ihr Wasser trieb Mühlräder an und war Löschwasserreservoir. Das **Gewölbe am Alten Hafen**, das die Grube überbrückt, diente den Vorstehern des Ratskellers – den sogenannten Weinherren – dazu, den Wein zu prüfen, der hier auf Schiffen ankam. Der Pächter hatte die Erlaubnis, „Gäste zu setzen und Wein und fremde Biere zu schenken". Der eisenoxidrote Farbanstrich des Gebäudes soll dem vor 350 Jahren sehr nahe kommen.

VON DER ALGENPLAGE ZUM WERTSTOFF

An den Stränden der Mecklenburger Bucht rund um Wismar sind in der Saison viele Kilometer Strand zu

TIPP KULINARISCH

„Fisch-Feinkost" am alten Holzhafen ist ein Familienbetrieb in dritter Generation. Die Fischspezialitäten gibt's jeden Werktag auch im „Fabrikverkauf".
www.wismarfisch.de

reinigen. Mittlerweile wird das organische **Strandgut** nicht mehr auf Mülldeponien entsorgt, sondern zu „Torf aus dem Meer" verarbeitet. Selbst Schalke 04 bestellt den **Algen-Kompost** von der Ostseeküste, um seinen Bundesligarasen perfekt zu pflegen. Jede Nacht, wenn keine Badegäste am Strand sind, durch-

Denkmalgerecht sanierte Bürgerhäuser

kämmen Spezialmaschinen den Strandsand und sammeln Tonnen von Treibsel ein, um den Seetang in Sandhagen bei Rerik zu Humus zu verarbeiten. Auch mehrere Bürgermeister sind dankbar für diese Geschäftsidee. Sie müssen ihre Strandanspülungen nicht mehr selber teuer entsorgen. Auch immer mehr Gärtner und Landwirte interessieren sich für diesen Ostsee-Kompost, der sehr gut wasserdurchlässig ist, aber trotzdem optimal die Nährstoffe halten kann.

Das Rote Haus in der Runden Grube 4

NAMENSGEBER FÜR DAS LAND

Im Gemeindegebiet des heutigen **Dorfs Mecklenburg**, zehn Kilometer südlich von Wismar, stand ab dem 7. Jahrhundert die Wasserburg Mecklenburg, die der Landschaft und dem Land den Namen gab. Heute wird hier **Wein** angebaut. Weil der häufig wehende Wind die Reben immer wieder schnell trocknet, macht ihnen der Regen im Norden wenig aus. Winterharte Sorten bringen hier ordentliche Erträge.

KLEINE, GROSSE INSEL

36 Quadratkilometer Fläche reichen der kleinen **Insel Poel**, um Rang drei der größten Inseln Mecklenburg-Vorpommerns einzunehmen. Mit dem Spruch „Peul – Wat för Luftsnappers" begrüßt die Insel Gäste, die das Inselklima genießen wollen. Das Schild kurz hinter der Brücke auf die Insel ist zum Foto-Hotspot geworden. Im Minutentakt halten in der Hochsaison Radfahrer an, um ein Beweisfoto zu machen, dass sie auf Poel angekommen sind.

Auf dieser flachen Insel geht es deutlich ruhiger zu als etwa auf Rügen und Usedom. **Alte Gutshäuser** und Alleen mit Kopfsteinpflaster verstärken den Eindruck, hier würden die Uhren anders gehen. Bei Wassersportlern ist Poel besonders beliebt. Mit **Timmendorf**, **Kirchdorf** und **Niendorf** bietet die Insel gleich drei größere Häfen für Segel- und Motorboote. Zwischen Timmendorf und Schwarzer Busch liegt der **schönste Strand** der Insel. Während der Badesaison ist Timmendorf mit seinem 140 Jahre alten **Leuchtturm** der lebendigste Ort der Insel Poel. Für alle, die etwas Niederdeutsch verstehen, ist der Weg zum Leuchtturm auch ausgeschildert: „Tau'n Lüchttorm". Wer sich am Strand links hält, kann am Kliff entlangwandern und sich anschauen, mit welchen Kräften die eiszeitlichen Gletscher hier geschoben haben.

Naturfreunde mögen den Strand von Gollwitz. Vom Strandkorb aus sind auf der vorgelagerten 20 Hektar großen **Vogelschutzinsel Langenwerder** seltene Vogelarten zu beobachten. Am Strand ist die

Leuchtturm in Timmendorf auf der Insel Poel

Meerestiefe sehr gering. Das tiefe Wasser erreicht man von der 100 Meter entfernten Sandbank aus.

In der Ortschaft **Am Schwarzen Busch** erinnert eine Gedenkstätte an eine schreckliche Katastrophe. Die „Cap Arcona", das Flaggschiff der Hamburg-Südamerika-Linie, war ein Luxusdampfer, der nach dem **Kap Arkona** auf Rügen benannt wurde. Kurz vor Ende des Zweiten Weltkriegs wurde das Schiff in der Ostsee durch britische Flugzeuge versenkt. Die meisten der an Bord befindlichen 4 600 KZ-Häftlinge kamen ums Leben. Viele Opfer des Untergangs wurden an die Küste der Insel Poel gespült.

SELBSTHILFE AUF VIER RÄDERN

Um das Angebot des Nahverkehrs zu ergänzen, stehen auf Poel **Mitfahrbänke**: auf der Bank Platz nehmen, warten und sich dann von Autofahrern mitnehmen lassen. Die Mitfahrbank von Gollwitz zum Beispiel steht direkt zwischen Ortseingang und Dorfteich. An der Bank befinden sich zwei Klappschilder. Je nachdem, wohin es gehen soll, kann das Schild „Richtung Wismar" oder „Richtung Kirchdorf" ausgeklappt werden.

Das Schloss, das früher mal in **Kirchdorf** stand, existiert nicht mehr. Aus der Luft ist nur noch die Trutzmauer der fünfzackigen sternförmigen Schlossanlage zu erkennen. Im Maßstab 1:5 zeigt das Inselmuseum in der Außenanlage der ehemaligen Dorfschule ein Modell der Schlosswallanlage, die im Dreißigjährigen Krieg zerstört wurde.

AUF RUHIGEN WEGEN

Außerhalb der Brutzeit werden von November bis Juni **vogelkundliche Führungen** über die Insel angeboten. Im Naturschutzgebiet ist die Zahl der Besucher pro Führung auf 15 begrenzt, um die Wat- und Wasservögel nicht zu stören. Die Anmeldungen koordiniert die Kurverwaltung.

Poel kann man gut mit dem Rad umrunden, insgesamt hat man danach 30 Kilometer auf dem Tacho. Es bleibt also genug Zeit, um zum Beispiel in Kirchdorf oder Timmendorf-Strand noch mit dem **Angelkutter** mit aufs Meer hinauszufahren. Aal, Meerforelle, Hornhecht oder Hering kann man danach fürs Abendessen beim Skipper kaufen.

Mitten in der Wismarer Bucht liegt eine **unbewohnte Insel** mit einem Vogelkundehaus. Wallensteins Truppen sollen der kleinen Insel mitten in der Wismarer Bucht wegen ihrer Form den Namen ❶ **Walfisch** gegeben haben. Im Vogelschutzgebiet, das nicht betreten werden darf, gibt's nur dann mal Stress, wenn die Ostsee zufriert und Fressfeinde wie der Fuchs übers Eis auf die Insel gelangen. Früher nutzten Bauern die kleine Insel als Pferdeweide. Bis 1999 stand hier eine Leuchtfeuerbarke.

EIN WINKEL VOLLER HERRENHÄUSER

Wer von Wismar nach Lübeck entlang der Ostsee fährt, kommt an Backsteinkirchen vorbei, die besten Blick aufs Meer haben. Die Gegend drum herum nur als idyllisch zu bezeichnen, wäre zu wenig: idyllisch, idyllischer, **Klützer Winkel**. Wahrzeichen der Region ist die Galerieholländermühle auf dem 32 Meter hohen Mühlenberg bei Klütz. Der ehemalige Getreidespeicher der Mühle wurde zum **Literaturhaus Uwe Johnson** denkmalgerecht umgebaut. Der Schriftsteller blieb seiner mecklenburgischen Heimat immer eng verbunden und beschrieb sie in seinen Romanen. Insbesondere in seinem Hauptwerk „Jahrestage" gibt es viele Bezüge zu Klütz. **Literarische Spaziergänge** auf den Spuren des Schriftstellers, die regelmäßig von Mitgliedern des Fördervereins des Literaturhauses angeboten werden, erläutern die Bezüge an Ort und Stelle.

Alte Baumalleen führen zu Dörfern mit beeindruckenden **Herrenhäusern**. Mit Landwirtschaft war früher offensichtlich Geld zu verdienen. ❷ **Schloss Bothmer** in Klütz übertrifft alles. Die größte **barocke Schlossanlage** Mecklenburgs wurde für den in Diensten des englischen Königshauses stehenden Reichsgrafen Hans Caspar von Bothmer gebaut, einen der einflussreichsten Politiker seiner Zeit. Bothmer soll sich für seinen Familiensitz in Klütz an Buckingham House orientiert haben, dem Vorläufer des heutigen Buckingham Palace. Die Entstehung seines Schlosses verfolgte Bothmer nur von London aus. 1732 starb er in der britischen Hauptstadt, ohne sein fertiges Schloss je gesehen zu haben. Eine Ausstellung zeigt in 20 Räumen des Haupthauses die Baugeschichte des Anwesens und zeichnet das Leben des Bauherrn und seine Rolle als Leiter der Deutschen Kanzlei am englischen Hof nach.

Die fast 270 Meter lange **barocke Festonallee**, die zum Schloss Bothmer führt, ist ein in Deutschland einmaliges Gartendenkmal. Die historische Allee bestand ursprünglich aus 72 geschnittenen Holländischen Linden, inzwischen fehlen zwar einige. Um die Lücken zu schließen, wurden aber neue Linden gepflanzt. Es lohnt sich unbedingt, den sanft ansteigenden und wieder abfallenden Hohlweg, der schöne Ausblicke gewährt und Schloss Bothmer wunderbar in Szene setzt, vom Dorf Hofzumfelde Richtung Schloss entlangzumarschieren.

Im Klützer Winkel sind auch ein halbes Dutzend weiterer Herrenhäuser sehenswert. Die **Gutshäuser Stellshagen und Parin** werden als Ge-

❶ *Walfischinsel in der Wismarbucht*

2 *Imposantes Schloss Bothmer in Klütz*

sundheitshotels betrieben. Das neogotische **Schloss Kalkhorst** ist in Privatbesitz, und **Schloss Plüschow** ist heute ein Künstlerhaus, in dem wechselnde Ausstellungen stattfinden. Durch Arbeitsstipendien haben bildende Künstler die Möglichkeit, mehrere Monate auf Schloss Plüschow zu arbeiten.

TIPP
KULINARISCH
Das Restaurant im **Gutshaus Stellshagen** hat sich der gesunden Ernährung verschrieben. Gekocht wird vorwiegend mit Zutaten aus der hoteleigenen Bioland-Landwirtschaft. www.gutshaus-stellshagen.de

LANDADLIGE UND REEDER

Weitgehend unbekannt ist, dass der mecklenburgische Landadel vor allem im 19. Jahrhundert in der **Seefahrt** sehr aktiv war. 1864 war Mecklenburg in 140 Häfen der Welt mit eigenen Konsuln vertreten, von Aberdeen und Bahia über Rio bis Singapur und Toulon. Mecklenburg nutzte die Chance, als durch den Krimkrieg von 1853 bis 1856 die Handelswege zwischen Russland, England und Frankreich unterbrochen wurden. Millionen Zentner Korn von den riesigen **einstigen Rittergütern** wurden in die ganze Welt verschifft. Die Bevölkerung in den Ballungsgebieten musste versorgt werden. Die mecklenburgischen Gutsherren verdienten am Getreide und am Schiffbau.

Der **Hohe Schönberg** bei Kalkhorst hieß zu DDR-Zeiten Sehnsuchtsberg. Von hier oben – in 90 Metern Höhe – ließ sich der unerreichbare Teil der Lübecker Bucht überblicken: die Kirchtürme von Lübeck, das Maritim-Hochhaus in Travemünde und die dicken Fähren, die nach Skandinavien ablegten.

Man erreicht die meisten Gutshäuser, wenn man mit dem Rad die 57 Kilometer lange **Gutshäuser-Tour** fährt. Startpunkt ist Schloss Bothmer. Auf dem ausgeschilderten Radweg T2 geht es über Gutshaus Stellshagen zum Gutshaus in Rankendorf, von dort nach Kalkhorst und Gutshaus Dönkendorf und anschließend weiter zum Schloss-

3 *Herrenhaus von Schlossgut Groß Schwansee*

gut Groß Schwansee. Die nächsten Stationen sind die alte Müllereiche, das Gutshaus Redewisch und die Strandpromenade Boltenhagen. Dort dem R1 folgen Richtung Eulenkrug, weiter zum Landgut Oberhof und über Klütz wieder zurück zum Ausgangspunkt. Weil die Strecke leicht hügelig ist, sollte man schon vier Stunden reine Fahrzeit einkalkulieren.

3 **Schlossgut Groß Schwansee** ist die kleine Schwester des zuvor erwähnten Schloss Bothmer. Eine Lindenallee führt vom Ostseeradweg zum klassizistischen Gutsgebäude aus dem Jahr 1745. Die schönen, in einen großen Park eingebetteten Gebäude lohnen unbedingt einen Abstecher. Zwei Spitzenrestaurants setzen auf französische und mecklenburgische Küche.

WO EINST NUR WALD WUCHS

Der Klützer Winkel war im Mittelalter fast vollständig bewaldet. Doch der Bedarf des nahen Lübecks an

Klützer Winkel zwischen Lübeck und Wismar

TIPP
KULINARISCH

Der Ökohof Altmann am Hohen Schönberg verwandelt Mariendistel, Hanf, Chiasamen, Graumohn, und Schwarzkümmel zu handgepressten Bio-Pflanzenölen, die in der Scheune verkauft werden.
www.hofhoherschoenberg.de

Bau- und Brennholz war so groß, dass Holz zunehmend geschlagen wurde. Auf den gerodeten Flächen entstanden Siedlungen und Feldfrüchte wurden angebaut. Viele Ortsnamen enden deshalb auf „hagen“ wie zum Beispiel Damshagen, Stellshagen, Warnkenhagen oder Grundshagen.

Im Klützer Winkel sind viele **Radwege** gut ausgebaut. Von Klütz aus erreicht man in 20 Radminuten den Ostseefernradweg, der von der Insel Usedom bis nach Dänemark führt. Direkt am Meer kann man in beide Richtungen radeln und den Ausblick genießen. In Hohenkirchen, auf halber Strecke zwischen Wismar und Boltenhagen, gibt es in Sichtweite des Ostseeküstenradwegs sogar eine **Radwegekirche** mit Fahrradständern, Reparaturmöglichkeiten, Toiletten, einer kleinen Küche, Tischen und Bänken – und das Beste ist der weite Blick zur Ostsee.

Der Boltenhagener **Fahrradbus** kann von Mai bis September wie ein Taxi gerufen werden und bringt bis zu sieben Personen mit ihren Fahrrädern bequem unter. Wer auf Nummer sicher gehen will, kann ihn in der Kurverwaltung Boltenhagen vorreservieren.

Zu Fuß bietet sich eine schöne 14,5 Kilometer lange Wanderung rund um **Zierow** an. Startpunkt ist das Hotel Zierow an der Strandstraße Richtung Ostseecamping. Am Strand links nach Eggerstorf abbiegen und nach der Siedlung links Richtung Proseken mit seiner gotischen Backsteinkirche halten. Durch Zierow geht's zum ehemaligen Fischerdorf Hoben mit seinen reetgedeckten Hallenhäusern. Das gesamte Dorf steht unter **Denkmalschutz**; am Strand weiter durch das Vogelschutzgebiet „Fliemstorfer Huk“. An Eggers Wiek schräg links am Campingplatz vorbei geht es dann zum Ausgangsort zurück.

SEEBAD MIT TRADITION

Wer nach all der Ruhe im Klützer Winkel wieder Lust auf etwas Trubel hat, ist schnell im **Ostseebad Boltenhagen**, dem drittältesten Seebad Deutschlands. Fünf Kilometer Sandstrand, eine eindrucksvolle Steilküste und eine fast 300 Meter lange Seebrücke locken hierher. Zudem hat Boltenhagen gleich zwei Promenaden, die parallel verlaufen. Die drei Kilometer lange Strandpromenade ist so breit, dass sich Spaziergänger, Jogger und Fahrradfahrer nur selten in die Quere kommen.

TIPP
SEHENSWERT

Die Eiche, die direkt neben dem ehemaligen Wohnhaus des Klützer Müllers steht, wurde nach ihm benannt. Das Naturdenkmal Müllereiche gehört zu den schönsten und ältesten Bäumen im Klützer Winkel.

4 *Flaniermeile: die Promenade Boltenhagen*

Die bunte Häuserzeile an 4 **Boltenhagens Mittelpromenade** entstand in den 1920er-Jahren und erinnert mit ihren vielen schönen Bäderarchitekturvillen, den Erkern und Türmchen, an Boltenhagens über 100-jährige Tradition als Badeort. Jedes Haus hat hier seinen eigenen Charme. Beliebtestes Fotomotiv ist das Haus Charlotte. An der autofreien Mittelpromenade liegen die meisten Geschäfte, Restaurants und Cafés.

Westlich des Strandes steigt die **Steilküste** auf bis zu 35 Meter an. Weil hier die Eiszeitgletscher Geröllmassen aufgeschoben haben, kommt es vor allem im Frühjahr und Herbst regelmäßig zu Küstenabbrüchen – die beste Zeit, um am Fuß der Steilküste Fossilien zu finden.

In der Ostsee nimmt die Zahl der Pflanzen und Tiere von West nach Ost ab. Das hat mit dem **Salzgehalt** des Wassers zu tun, der geringer wird, je weiter man in den Osten kommt. Rund um die Boltenhagener Bucht ist die Vielfalt noch groß. Sogar drei Robben- und eine Walart sind hier heimisch. Der Schweinswal wird maximal 1,6 Meter lang.

WO HUNDE HEULEN UND NICHT BELLEN

Eine Sandbank vor Boltenhagen, 5 **die Lieps**, ist der Lieblingsplatz der Seehunde. Bei hohem Wasserstand verschwindet die Insel fast vollständig. Bei Niedrigwasser fällt die dreieinhalb Kilometer lange Sandbank trocken und lockt sonnenhungrige Robben an. Auf der Lieps soll Deutschlands erster Leuchtturm gestanden haben.

In der **Marina Boltenhagen**, gleich neben dem neuen Jachthafen, befindet sich der Fischereihafen. Die kleine Flotte versorgt Boltenhagen mit Fisch. Frühaufsteher nimmt Küstenfischer Uwe Dunkelmann morgens um sechs Uhr mit hinaus aufs Meer. Während der dreistündigen Fahrt lässt er auch seine Gäste ans Steuer.

Wem an einer Boltenhagener **Fischbude** schon einmal von einer **Möwe** ein Fischbrötchen aus der Hand gestohlen wurde, weiß, warum die Möwen hier die „Raben der Meere" genannt werden. Schon im zoologischen Nachschlagewerk „Brehms Tierleben" wurden sie so bezeichnet. Brehm wollte damit aber vor allem ihre Intelligenz und ihre Flugkünste charakterisieren. Mit einem Sturzflug ins Wasser ergattern sich Möwen häufig die besten Fische. Mithilfe spezieller Drüsen filtern sie Salzwasser und können so ihren Durst stillen. Meist graubraun geboren, wechseln Möwen, bis sie ausgewachsen sind, mehrmals ihr Gefieder.

NUR HALBRUND, ABER VOLLKOMMEN

Die **Wohlenberger Wiek** östlich von Boltenhagen ist die Halfmoon-Bay Mecklenburgs: herrlich klares Wasser und langer weißer Sandstrand an einer ruhigen, halbrunden Bucht. Weil die Flachwasserzone bis zu 300 Meter weit ins Meer hineinragt, erwärmt sich das hier weniger als einen Meter tiefe Wasser schnell.

VON WASSER UMGEBEN

Zwischen Salzhaff und Meer liegt das **Ostseebad Rerik**, das früher Alt Gaarz hieß. Dort besteht immer die Alternative zwischen Ostseebrandung und dem ruhigen Wasser im Haff. Besonders für Anfänger, die Surfen oder Segeln lernen wollen, ist das eine gute Kombination. Treffpunkt in Rerik ist der **Haffplatz** mit Restaurants und Cafés. Abends schmettern hier die „Reriker Heulbojen" ihre Shantys. Die **St.-Johannis-Kirche** in Rerik soll eine dänische Königin um 1260 aus Dankbarkeit gestiftet haben, als sie in Seenot geriet und von Alt Gaarzer Fischern gerettet wurde. Früher orientierten sich Fischer und Schiffer an dem quadratischen Turm mit seiner „Bischofsmütze" als Landmarke.

AUSFLUG ZUR VERBOTENEN INSEL

Direkt neben dem Fischereianleger liegt der **Haffanleger**, ein Wasserwanderrastplatz im Salzhaff. Platz ist hier für 20 Boote, die für bis zu drei Wochen festmachen dürfen. Nebenan legen die Ausflugsschiffe ab, die zur „verbotenen" **Halbinsel Wustrow** fahren. Nur zu geführten Wanderungen dürfen Urlauber die Halbinsel betreten. Bis 1990 wurde Wustrow militärisch genutzt. Seit 1998 gehört sie einem Investor, dessen Baupläne aber von der Stadt Rerik nicht

5 *Seehunde beim Sonnenbaden auf der Lieps*

5 Seehunde fühlen sich auf der Lieps ganzjährig wohl

WISSENS-TIPP

DORSCH ODER KABELJAU? In der Ostsee wird der Kabeljau nur **Dorsch** genannt – auch wenn eigentlich nur ein junger, nicht geschlechtsreifer Kabeljau ein Dorsch ist. Um Bestände nicht zu gefährden, setzen Fischer Dorsche, die kleiner als 40 Zentimeter sind, wieder zurück ins Meer. Der schwerste jemals in der Ostsee gefangene Dorsch hatte ein Gewicht von 29 Kilogramm und war 1,30 Meter lang.

Obwohl die Atlantischen **Lachse**, die in der Ostsee gefischt werden, den größten Teil ihres Lebens im Salzwasser verbringen, zählen sie zu den Süßwasserfischen. Lachse laichen nämlich in den Flüssen und Bächen, in denen sie selber geboren wurden. Um dorthin zurückzukommen, orientieren sie sich zum Teil an Gerüchen und können sogar kleine Wasserfälle und Wehre überwinden. Das erschöpft die meisten Lachse so sehr, dass sie nach der Eiablage sterben.

Wohlenberger Wiek in der Wismarer Bucht

genehmigt wurden. Sechs Jahre lang wohnte der Objektkünstler **Jürgen Uecker**, der als Sohn eines Ingenieurs auf der Halbinsel aufwuchs, hier in einer Hütte, bis das Landratsamt dies 2008 mit Verweis auf den Naturschutz verbot.

> **TIPP**
> **AKTIV**
> Eine schöne, 16 Kilometer lange Radtour geht am Haffplatz in Rerik los und führt über Mechelsdorf, Bastorf, Hohen Niendorf, Wischuer, Blengow, Gaarzer Hof wieder zurück nach Rerik.

VOGELWELT UND STEINGRÄBER

Zwei Stunden dauert eine Rundfahrt auf dem **Salzhaff** mit der MS „Ostseebad Rerik". Mit den angrenzenden Salzwiesen, Dünen und Vogelschutzgebieten bildet das Salzhaff eine einzigartige Küstenlandschaft. Hier brüten Seeschwalben, Enten und Kiebitze. Den besten Blick über das Salzhaff bietet der **Schmiedeberg**. Der Aussichtspunkt ist Teil eines alten slawischen Burgwalls, der neben Kap Arkona auf Rügen der einzige an der Ostseeküste Mecklenburg-Vorpommerns ist.

Mehr über die slawische Geschichte der Region bietet Reriks **Heimatmuseum** in der alten Schule an der Dünenstraße. Schon 3 500 Jahre v. Chr. ließen sich die ersten Siedler hier mit weitem Blick über das Salzhaff und die Ostsee nieder. Erhalten geblieben sind aus dieser Zeit die 6 **Hünengräber**. Es ist beeindruckend, welchen Aufwand die Siedler trieben, um die riesigen Steine für den Bau solcher beeindruckenden Anlagen zu transportieren. Rund um Rerik sind acht Großsteingräber gut erhalten und mit Schautafeln beschildert. Geschichtliche Führungen werden von Mai bis September regelmäßig von der Kurverwaltung angeboten. Genaue Zeiten sind im Internet nachzulesen.

Die Bushaltestelle in Rerik ist Startpunkt zu einer zehn Kilometer langen Wanderung direkt entlang des Strandes und der Steilküste, die

6 *Hünengräber aus der Jungsteinzeit*

tolle Blicke auf die Ostsee bietet. In Meschendorf biegt nach halber Strecke landeinwärts der Strandweg ab und über den Meschendorfer Weg geht es zurück nach Rerik.

NEUBUKOWS BERÜHMTER SOHN

Rund elf Kilometer von Rerik entfernt liegt die Kleinstadt Neubukow. Wie viele der im 13. Jahrhundert in Mecklenburg gegründeten Städte hat Neubukow ein nahezu rechtwinkliges, gitterförmiges Straßennetz, einen zentralen Marktplatz und eine Stadtbefestigung mit ursprünglich vier Stadttoren. Bekannt ist das Städtchen vor allem, weil hier 1822 Heinrich Schliemann zur Welt kam. Schon als Kind soll Heinrich nach der Lektüre des Buchs „Die Weltgeschichte für Kinder" den Wunsch formuliert haben, einmal die antike Stadt Troja wiederzufinden. Als Kaufmann verdiente Schliemann in Russland und den USA so viel Geld, dass er sich ab 1868 voll auf die Archäologie konzentrieren konnte. Als er 1873 den Schatz des Priamos entdeckte, erklärte er Troja für gefunden. Sein Kindheitstraum aus Neubukower Tagen war in Erfüllung gegangen. Seine Geburtsstadt benannte eine Schule nach dem Pionier der Feldarchäologie und richtete eine Heinrich-Schliemann Gedenkstätte ein. Hier werden Originalfunde und Repliken ausgestellt.
www.schliemann-neubukow.de

In Schwerin steht am Pfaffenteich eine Bronzebüste von Heinrich Schliemann. Der Archäologe und Forscher gehört zu den wenigen Persönlichkeiten, für die sowohl die Deutsche Post der DDR wie auch die Bundespost (und die griechische Post) Sonderbriefmarken herausgegeben haben.

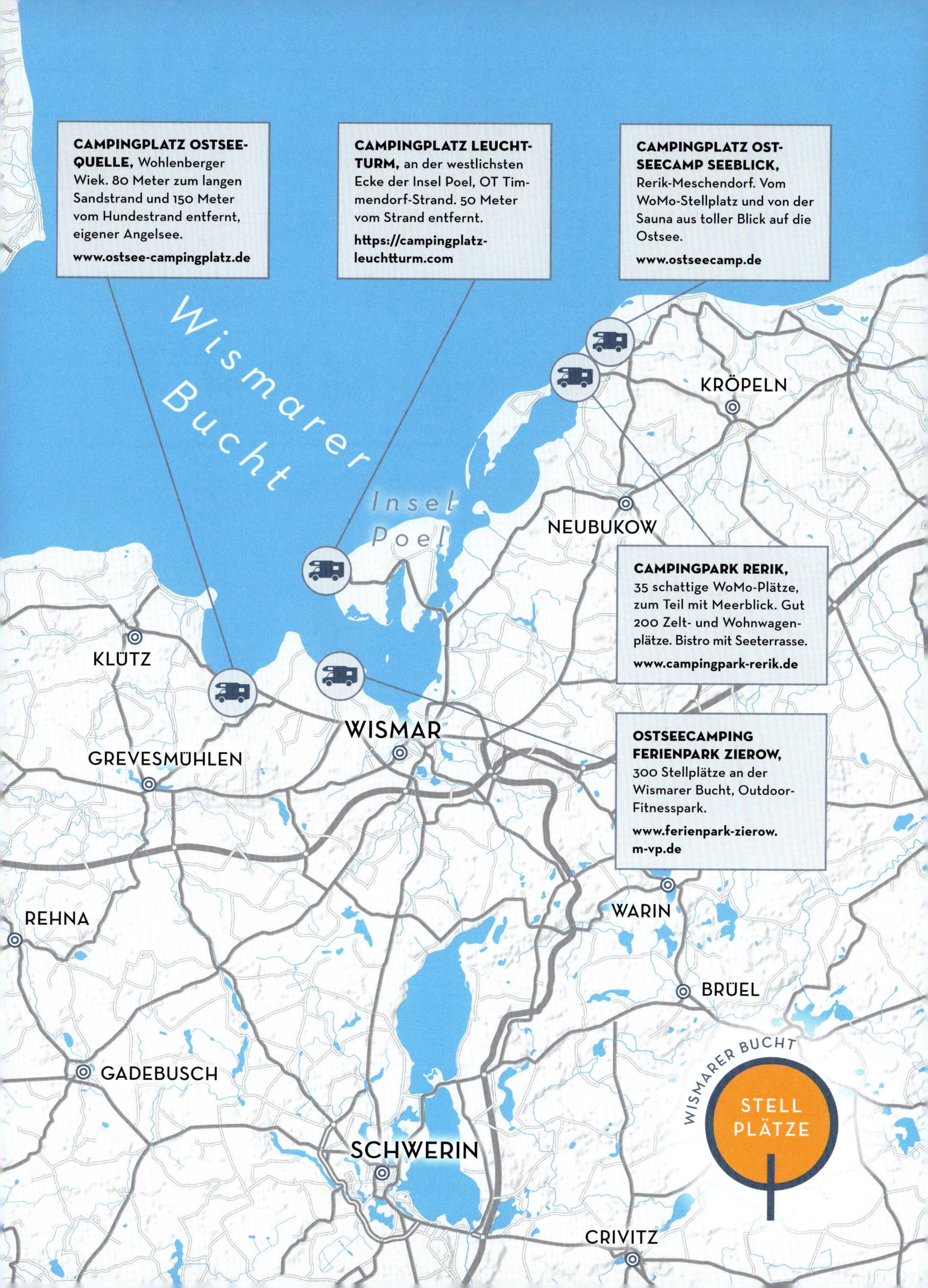
CAMPINGPLATZ OSTSEE-QUELLE, Wohlenberger Wiek. 80 Meter zum langen Sandstrand und 150 Meter vom Hundestrand entfernt, eigener Angelsee.
www.ostsee-campingplatz.de
CAMPINGPLATZ LEUCHT-TURM, an der westlichsten Ecke der Insel Poel, OT Timmendorf-Strand. 50 Meter vom Strand entfernt.
https://campingplatz-leuchtturm.com
CAMPINGPLATZ OST-SEECAMP SEEBLICK, Rerik-Meschendorf. Vom WoMo-Stellplatz und von der Sauna aus toller Blick auf die Ostsee.
www.ostseecamp.de
Wismarer Bucht
Insel Poel
KRÖPELN
NEUBUKOW
CAMPINGPARK RERIK, 35 schattige WoMo-Plätze, zum Teil mit Meerblick. Gut 200 Zelt- und Wohnwagenplätze. Bistro mit Seeterrasse.
www.campingpark-rerik.de
KLÜTZ
WISMAR
GREVESMÜHLEN
OSTSEECAMPING FERIENPARK ZIEROW, 300 Stellplätze an der Wismarer Bucht, Outdoor-Fitnesspark.
www.ferienpark-zierow.m-vp.de
REHNA
WARIN
BRÜEL
GADEBUSCH
WISMARER BUCHT
STELL PLÄTZE
SCHWERIN
CRIVITZ

Residenz der Herzöge: Schloss Schwerin

Tagesausflug Schwerin

Schwerin, die Landeshauptstadt von Mecklenburg-Vorpommern, gruppiert sich um ein schönes, märchenhaftes Wasserschloss. Die Altstadt und die Wege rund um den Schweriner See sind ideal, um zu schlendern oder spazieren zu gehen.

DIE STADT DER SEEN 1

Von der Wismarer Bucht ist man in 45 Minuten in Schwerin, ursprünglich die Stadt der sieben Seen. Mittlerweile liegen im Gebiet der gewachsenen Stadt sogar zwölf Gewässer. Die wald- und seenreiche Landschaft lässt sich auch gut mit dem Fahrrad erkunden. Von Bord der Weißen Flotte aus sieht man die malerische Stadtsilhouette mit Schweriner Dom, Palais, Marstall und Arsenal, alles klassizistische Repräsentativbauten.

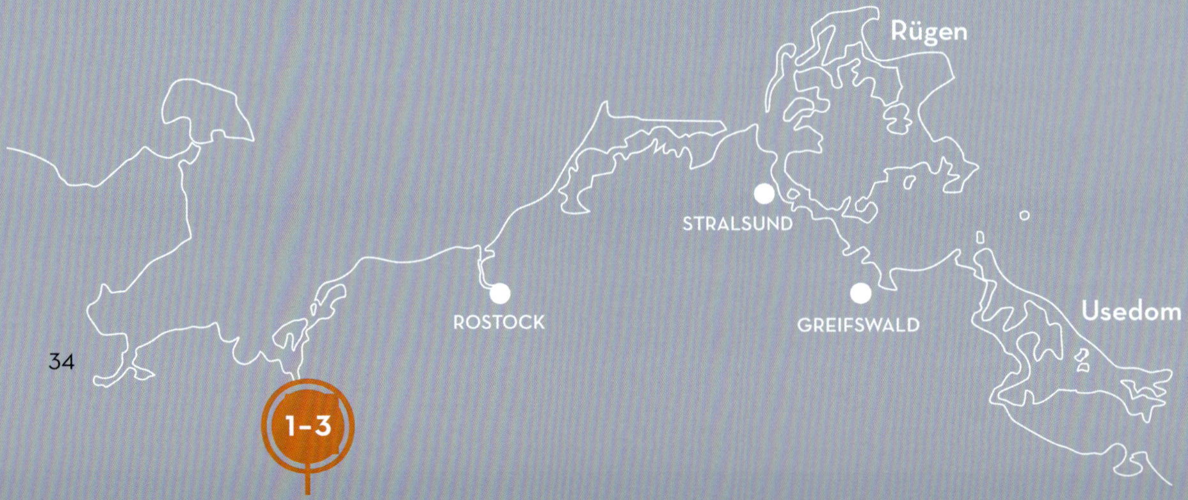

Szenekiez Schelfstadt

Schloss Wiligrad am Schweriner See

EIN ARCHITEKTONISCHER SCHATZ 2

Ganz anders zeigt sich das Viertel Schelfstadt, das nördlich der Altstadt zwischen dem Pfaffenteich und dem Ziegelsee liegt. Im frühen 18. Jahrhundert wurden Kaufleute und Handwerker mit steuerlichen Privilegien gelockt, sich hier anzusiedeln und Häuser zu bauen. Selbst adlige Familien folgten dem Ruf und bauten prunkvolle Palais. Der einheitliche barocke Stadtteil wird kontinuierlich und behutsam renoviert.

www.schwerin.m-vp.de

LOHNENDE AUSFLUGSZIELE 3

Schwerins Umland ist reich an Ausflugszielen. Schloss Wiligrad mit seinen Parkanlagen liegt am Steilufer des Schweriner Sees zwischen Lübstorf und Bad Kleinen. Neben dem Hauptgebäude sind auch der Marstall, das Kavaliershaus, das Maschinenhaus und das Pumpenhaus am See sehenswert.

Auf dem Gutsgelände Medewege am Medeweger See arbeitet eine vielseitige Gemeinschaft: biologisch-dynamische Landwirtschaft, Handwerk, Kunst und Kultur. Der Hofladen setzt auf Regionalität.

www.hof-medewege.de

MECKLENBURGER BUCHT

MECKLENBURGER BUCHT

Badeorte in Großstadtnähe

Die Attraktionen einer überschaubaren Großstadt auf der einen Seite, ein Seebad mit weitem Sandstrand auf der anderen: Rostock ist geschichtsträchtig und vielfältig. Backsteingotik, sieben Tore und sieben Türme prägen das Stadtbild. Und gleich um die Ecke liegen die Badeorte Kühlungsborn, Heiligendamm und Graal-Müritz.

HANSEATISCHES FLAIR

Universitätsstadt und Hansestadt gleichzeitig zu sein, ist für **Rostock** ein Segen. ❶ **Kaufmannshäuser und Backsteinkirchen** verleihen Flair, Studenten und viele junge Berufstätige sorgen für Lebendigkeit, hippe Geschäfte und eine bunte Gastronomieszene. Am **Stadthafen** am Ufer der Warnow mit Museums- und Seglerhafen haben Spaziergänger immer was zu schauen. Der gesamte Güterumschlag findet inzwischen im 1960 eröffneten Hochseehafen statt. Nur noch der hölzerne **Tretkran** aus dem 18. Jahrhundert und der Brückenkran aus den 1950er-Jahren zeugen davon, dass früher alle Waren hier umgeschlagen wurden. Den schönsten Blick bietet der **Kanonsberg** bei der Fischerbastion. Er diente früher der Verteidigung vor Seeangriffen.

Im alten Hafenviertel gibt es – wie in der Wokrenter Straße – noch Giebelhäuser, die eine architektonische Besonderheit sind. **Hausbaumhäuser**, die so konstruiert sind, dass ein mächtiger Stamm im Erdgeschoss die Kräfte aus den darüberliegenden Geschossen ableitet. Damit gewinnt man im Erdgeschoss maximale Fläche und je höher man im Gebäude kommt, desto mehr verästelt sich – wie bei einem Baum – das Gebälk. Besonders schöne **Giebelhäuser** sind auch das **Ratschow-Haus** in der Kröpenliner Straße 83 und das Kerkhoffhaus, Hinter dem Rathaus 5. Die künstlerisch gestaltete Fassade dieses Giebelhauses ist reich mit Terrakottasteinen geschmückt. Ein ehemaliger Rostocker Ratsherr und Bürgermeister hatte dieses Haus um 1470 bauen lassen, und seine Familie lebte über mehrere Genera-

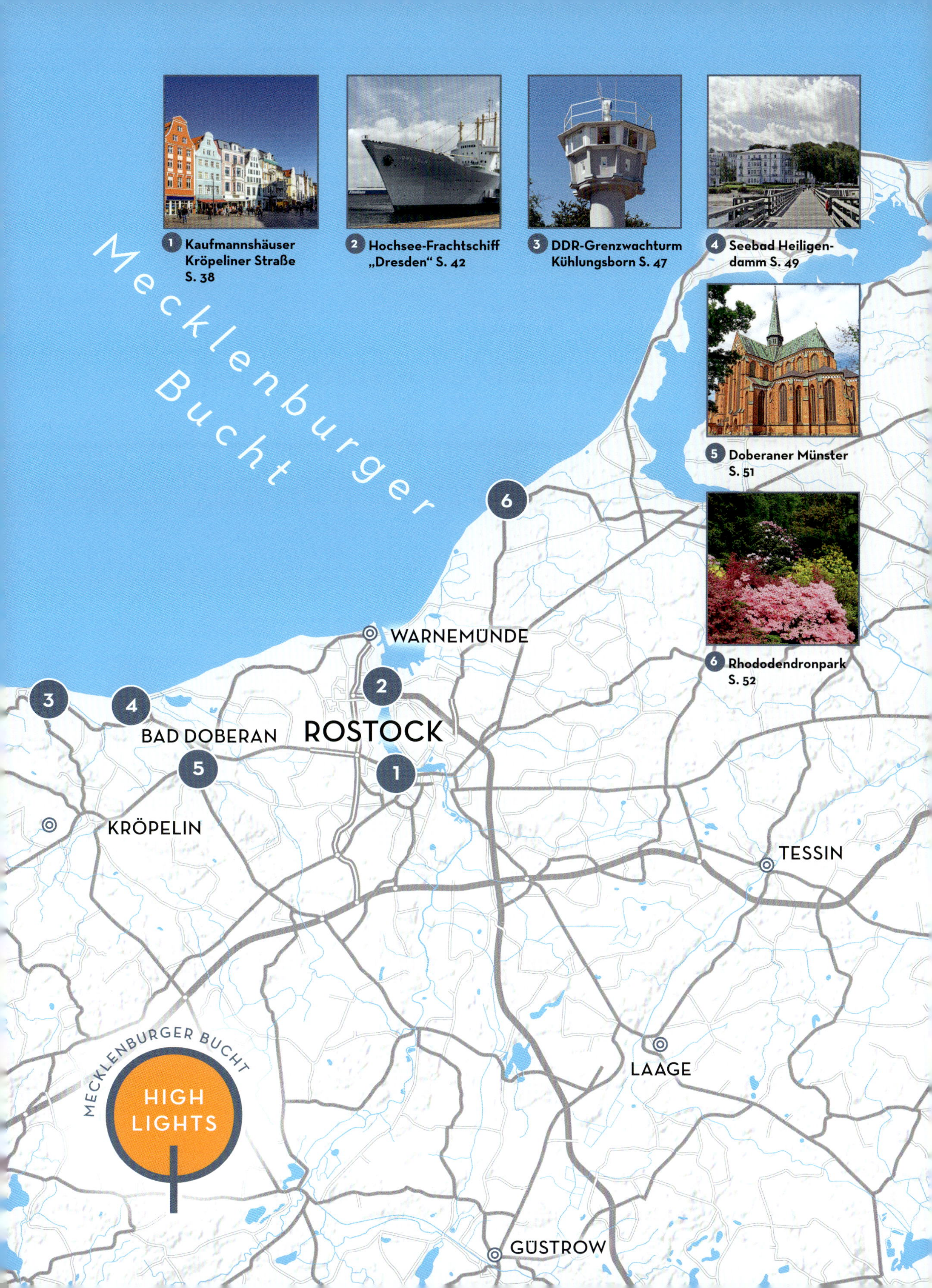
1 Kaufmannshäuser Kröpeliner Straße S. 38
2 Hochsee-Frachtschiff „Dresden" S. 42
3 DDR-Grenzwachturm Kühlungsborn S. 47
4 Seebad Heiligendamm S. 49
5 Doberaner Münster S. 51
6 Rhododendronpark S. 52
Mecklenburger Bucht
WARNEMÜNDE
ROSTOCK
BAD DOBERAN
KRÖPELIN
TESSIN
LAAGE
GÜSTROW
MECKLENBURGER BUCHT
HIGH LIGHTS

❶ *Kaufmannshäuser in der Kröpeliner Straße*

tionen für 125 Jahre hier, bis die Stadt es kaufte und zum Stadtarchiv und Standesamt umbaute.

Das **Ständehaus** an der Wallstraße 3 gehört mit seinem Lichthof und dem Prunksaal zu den repräsentativsten Bauten Rostocks. Das Backsteingebäude war Sitz des Parlaments der einflussreichen mecklenburgischen Landstände, zu denen Adel und Städte gehörten. Heute arbeitet hier das Oberlandesgericht.

Mit Stadtmauern, Wiekhäusern, **Wallanlagen** und 22 Stadt- und Wassertoren schützte Rostock sich vor Eindringlingen. Das prächtige **Kröpeliner Tor** ist täglich für Besucher geöffnet und zeigt eine Ausstellung zur Rostocker Stadtbefestigung. Südwestlich des sechsgeschossigen gotischen Tors bis zur Schwaanschen Straße sind 450 Meter **Stadtmauer** gut erhalten. Das letzte noch erhaltene Strandtor ist das Mönchentor.

Die Kröpeliner-Tor-Vorstadt ist das jüngste und hippste Viertel Rostocks. Kleine Geschäfte, Ateliers,

TIPP
GENIESSEN

Die Rostocker Eisdiele VEIS hat sich auf veganes Eis spezialisiert. Aus Lupinen-Eiweiß und fair gehandeltem Biokakao zaubert Veis coole Eiskreationen.
www.veis-eiscafe.de

Kunsthandwerkerläden und alternative Restaurants prägen den Stadtteil. Ein guter Ausgangspunkt, um sich diesen Kiez zu erlaufen, ist der von schönen Bürgerhäusern gesäumte Doberaner Platz.

DIE ÄLTESTE UNIVERSITÄT DES NORDENS

Die Rostocker **Universität** wurde 1419 gegründet und ist eine der ältesten Nordeuropas. Das Universitätshauptgebäude ist mit Terrakotta reich geschmückt und die vier Figuren auf den Pfeilern der Frontfassade stehen für die Gründungsfakultäten:

Medizin, Theologie, Jurisprudenz und Philosophie. Unter den berühmten Studenten der Uni waren der Astronom Tycho Brahe, der Archäologe Heinrich Schliemann und der Schriftsteller Erich Kästner.

MÄCHTIGE BACKSTEINKIRCHEN

St. Marien ist Rostocks schönste Kirche. Querschiff und Langhaus der kreuzförmigen Basilika sind gleich lang und prägen den Eindruck dieser gotischen Kirche. Das Hochufer der Warnow überragt der Turm von **St. Petri** um 117 Meter. Zur Aussichtsplattform in 45 Metern Höhe fährt ein Aufzug. Einen überraschenden Anblick bietet die Hallenkirche **Nikolai**. Auf dem gotischen Hallendach fallen nicht nur die Solarzellen auf, über drei Etagen wurden ins Dach Wohnungen eingebaut. Das Kulturhistorische Museum Rostock nutzt die vollständig erhaltene Anlage des **Klosters zum Heiligen Kreuz** aus dem 13. und 14. Jahrhundert. Das Zisterzienser-Nonnenkloster wurde von der dänischen Königin Margarete gestiftet. Auch die ab 1740 für Insassen des Stifts entstandenen kleinen Wohnhäuser im Klosterhof werden noch vom Kempowski-Archiv und vom Café Kloster genutzt.

VOM FISCHERDORF ZUM SEEBAD

Wo der Fluss Warnow in die Ostsee mündet, hat sich vor dem Rostocker Stadtteil **Warnemünde** mit 150 Metern der breiteste Strand der Ostsee gebildet. Entlang der **Seepromenade** stehen verspielte neoklassizistische Villen. Drei davon stechen hervor. Das Wohn- und Badehaus des Reeders Friedrich Gustav Hübner aus Rostock wurde schon 1853 ein Hotel. In der Seestraße 15 kaufte der Flugzeugingenieur Ernst Heinkel eine Villa, in der heute das „Leibniz-Institut für Ostseeforschung Warnemünde“ arbeitet. Gleich daneben ist an den Antennen und Messgeräten auf dem Dach gut das **Wetterhaus** zu erkennen. Der Wetterdienst hat die ehemalige Sommerresidenz des Rostocker Schnapsfabrikanten Conrad Lehment übernommen.

Hauptgebäude der Universität Rostock

Wahrzeichen Warnemündes ist der **Leuchtturm** mit seinen weiß lasierten Ziegelsteinen. Aus 30 Metern Höhe sieht man auf Warnemünde, Ostsee, Strand und Hafeneinfahrt. Daneben steht das Restaurant „Teepott" mit geschwungenem Dach. An der alten Lotsenstation führt die **Westmole** 500 Meter auf die Ostsee hinaus. Ein guter Platz für Angler, Spaziergänger und alle, die Schiffe gucken wollen. Wer hinausläuft, kommt an der zweieinhalb Meter hohen Plastik „Große Stehende" vorbei. Eine Seemannsfrau, die um die auf der See Gebliebenen trauert.

RAUS AUF DIE OSTSEE

Auf dem **Neuen Strom** fahren die richtig großen Pötte. Warnow und Breitling (Unterwarnow) münden hier in die Ostsee. Täglich pendeln Fähren nach Skandinavien, und vor allem in der Sommersaison starten von hier viele Kreuzfahrtschiffe auf Ostseerundfahrt. Mit einer Fähre geht's nach Hohe Düne.

Das ehemalige ❷ **Hochsee-Frachtschiff „Dresden"** ist Deutschlands größtes schwimmendes Museum. An Bord des denkmalgeschützten Traditionsschiffes sind viele Räume original erhalten, rund 12 000 Exponate veranschaulichen die Welt des Schiffbaus und der Seefahrt. Ausstellungsschwerpunkte sind der Schiffbau an der Ostsee und die Handelsschifffahrt der DDR.
www.schifffahrtsmuseum-rostock.de

Am **Alten Strom** ist die Dichte an Cafés, Restaurants, Eisdielen und kleinen Geschäften am höchsten. Auf dem Wasser sind Fischkutter, Fahrgastschiffe, Segelboote und der Seenotrettungskreuzer vertaut. Hier in Hausnummer 53 wohnte 1907/08 der norwegische Maler **Edvard Munch** bei der Lotsenfamilie Nielsen. Das einfache Fischerhaus steht unter Denkmalschutz und wird für Ausstellungen genutzt.

Wie „Am Strom" gehört die **Alexandrinenstraße** zu den ältesten Straßen in Warnemünde. Früher hieß sie Achterreeg, was so viel bedeutet wie hintere Reihe. Fischer, Seeleute und Lotsen lebten hier in einfachen Fachwerkhäusern. Sie wurden dicht an dicht gebaut, der Abstand zwischen den Häusern war so bemessen,

Der Alte Strom von Warnemünde

2 *Schwimmendes Museum „Dresden“*

dass eine Kuh durchpassen musste. In der Alexandrinenstraße 31 informiert das **Warnemünder Heimatmuseum** über die Geschichte des Ortes.

WO DER STRANDKORB ERFUNDEN WURDE

Im Heimatmuseum ist der erste **Strandkorb** Deutschlands ausgestellt, den ein in Rostock arbeitender Korbmacher entwickelt hat. Auf die Idee brachte ihn eine Frau, die in Warnemünde zur Kur war und sich wegen ihres Rheumas am Strand eine vor Wind, Zugluft und Sonne geschützte Sitzmöglichkeit wünschte. Elfriede von Maltzahn sorgte mit ihrem Korbstuhl am Warnemünder Strand für Aufsehen und Wilhelm Bartelmann bekam neue Aufträge. Aus seinem Einsitzer aus Rohr und Weide wurde ein Zweisitzer, der sich sogar nach hinten klappen ließ. Jeder weitere Strandstuhl wurde immer ein wenig weiterentwickelt, bekam eine Markise, Fußstützen, Armlehnen, Polsterung und Seitentische. Die Korbmacherwerkstatt musste ausgebaut werden, um die Aufträge abarbeiten zu können. 1883 wurde im Schatten des Warnemünder Leuchtturms die erste deutsche **Strandkorbvermietung** eröffnet. Das sprach sich rum und Bartelmann musste in mehreren Küstenorten Filialen aufmachen. Ludolph Wilhelm Eduard Bartelmann ging es jedoch gegen seine Handwerkerehre, die Erfindung patentieren und industriell in großem Stil fertigen zu lassen. Mehrere seiner Gesellen machten sich daraufhin selbstständig und zogen die Strandkorbproduktion noch größer auf. Deutschlands größter Strandkorbproduzent ist seit 1925 ununterbrochen die **Korb GmbH in Heringsdorf** auf Usedom. Aus Korbgeflecht werden heute aber nur noch die Luxusmodelle hergestellt, bei den meisten Strandkörben dominiert der günstigere Kunststoff. Ein Wunder ist nur, dass der Strandkorb im Wesentlichen eine deutsche Besonderheit geblieben ist – an Stränden im Ausland ist er wenig verbreitet.

SEHENSWERTES WASSERSPIEL

Einer alten Warnemünder Tradition ist der Brunnen in der Alexandrinenstraße gewidmet, dem **Warn-**

minner Ümgang. Der Umzug fand früher immer dann statt, wenn Warnemünde einen neuen Wortführer fürs Dorf gewählt hatte, der dem Vogt in Rostock Rechenschaft über eingenommene Zinsen und Steuern ablegen musste. Auf dem Granitsockel des Brunnens begleiten 19 Bronzefiguren in festlicher Kleidung das Wasserspiel. An jedem ersten Juliwochenende wird die Tradition wachgehalten und der „Warnminner Ümgang" gefeiert.

EINE OSTDEUTSCHE SCHIFFSLEGENDE

Schon seit dem Mittelalter ist Rostock von der Seefahrt geprägt. Seit der Vertiefung des Hafens konnten ab 1910 auch große Schiffe die Stadt ansteuern. Für die DDR war Rostock der zentrale Umschlagplatz. Der alte Stadthafen wurde 1960 zu klein und in Petersdorf ein neuer Überseehafen gebaut. Heute ist der idyllische **Rostocker Stadthafen** im Sommer der Treffpunkt, um Schiffe zu gucken, zu flanieren und schön essen zu gehen. Am zweiten Augustwochenende ist er traditionell Mittelpunkt der Hanse Sail, einer maritimen Veranstaltung, die viele Besucher anlockt.

Im Stadthafen liegt auch ein ganz besonderes Schiff. „Stephan Jantzen" war bis 2005 Deutschlands größter **Eisbrecher**. Mit seinen drei Schiffsschrauben konnte er bis zu 1,5 Meter dickes Eis auf 18 Metern Breite knacken. Auch in harten Eiswintern hielt er den Greifswalder Bodden befahrbar oder fräste eine Fahrrinne für die Fähren nach Sassnitz oder Mukran ins Eis. Außer Dienst gestellt, ersteigerte ein Freund

TIPP
ERLEBEN

Im Robbenbecken des MSC Marine Science Centers (mit Besucherdeck) wird an zwölf Robben in natürlicher Umgebung untersucht, wie sich die Tiere orientieren.
www.marine-science-center.de

Hafenflair in Rostock

Größter deutscher Küstenwald: Rostocker Heide

Donald Trumps den 5 400-PS-Koloss bei einer Auktion, unternahm aber keine Bemühungen, das Schiff auf Vordermann zu bringen. Nachdem es immer stärker verfiel, übernahm ein Verein den Eisbrecher und machte ihn in 18 000 Stunden ehrenamtlicher Arbeit als **Museumsschiff** wieder flott. Benannt ist der Eisbrecher, der auf der Leningrader Admiralswerft gebaut wurde, nach dem Warnemünder Lotsenkommandanten Stephan Jantzen.

IN WALD UND HEIDE

Die **Rostocker Heide**, einst Jagdgebiet und Holzreservoir zum Bau von Häusern und Schiffen, ist ein beliebtes Wander- und Fahrradgebiet entlang der Ostseeküste. Mehr als 60 Kilometer Wege sind ausgeschildert. Ein 26 Kilometer langer Rundweg startet vor dem Hotel Hohe Düne und verläuft über Klockenhagen und das **Jagdschloss Gelbensande** nach Wiethagen und zurück an die Küste. Gelbensande ist eine Mischung aus englischem Landhaus und russischem Jagdhaus. Die russische Zarenfamilie soll wegen ihrer nach Mecklenburg verheirateten Tochter einen Teil der Baukosten übernommen haben. Das Jagdschloss ist zwar in Privatbesitz, der Verein Museum Gelbensande ermöglicht aber den Besuch von zwölf originalgetreu restaurierten Räumen.
www.museum-jagdschloss-gelbensande.de

TIPP
KULINARISCH
In der Mönchhagener Brennerei wird Ingwerlikör mit Sanddorngeist verfeinert. Wem die 56 Volumenprozent Alkohol zu heftig sind, kann den Likör vor dem Servieren im Gläschen anzünden. https://maennerhobby.eu

Für Wanderer wurden elf zentral gelegene Waldparkplätze angelegt. Beliebte Wanderziele sind die Ausflugsgaststätte Schnatermann, der Forst- und Köhlerhof Wiethagen und das Ostseeheilbad Graal-Müritz. Am **Forst- und Köhlerhof** liegt der 2,8 Kilometer lange **Entdeckerpfad**

Kühlungsborn mit frischer Brise

Biologische Vielfalt. Auf zehn Stationen lernt man den Wald mit seinen Tieren und Pflanzen kennen. Übrigens sollte man Geweihteile immer im Wald liegen lassen und nie mit nach Hause nehmen. Nach Jagdrecht würde man sich der Wilderei schuldig machen. Hintergrund dieser strengen Regelung ist, dass verhindert werden soll, dass Trophäensucher gezielt nach Abwurfstangen suchen und dabei das Wild immer wieder aufschrecken.

DER GRÖSSTE BADEORT MECKLENBURGS

Nach **Kühlungsborn** fährt man nicht in erster Linie wegen Sehenswürdigkeiten. Magnetwirkung hat der Strand. Trotzdem ist das Stadtbild einladend. Seit der Wende wurden viele klassische **Bäderarchitektur-Villen** mit viel Liebe renoviert. Keine Villa gleicht der anderen, hier ein Turm, dort ein Erker und reich dekorierte Balkone und Fassaden. Und das Schönste ist, hier gilt die Regel, dass kein Gebäude höher sein darf als der höchste Baum im Ostseebad. Vor unansehnlichen Hochhäusern wie an der schleswig-holsteinischen Ostseeküste bleibt Kühlungsborn also verschont.

TIPP KULINARISCH

Die Strandstraße ist die Flaniermeile Kühlungsborns. Nach dem Bummel lädt das Kühlungsborner Brauhaus zum Biertasting ein. www.kuehlungsborner-brauhaus.de

Die Stadt hat die Chancen der Wiedervereinigung gut genutzt und viel in den Tourismus investiert. Die 240 Meter lange **Seebrücke** war die erste, die nach der Wende in Mecklenburg-Vorpommern nach nur fünf Monaten Bauzeit fertiggestellt wurde. Dort startet die „MS Baltica" zu Fahrten nach Warnemünde und Rerik. An Sonntagen in der Saison werden auf dem Schiff Gottesdienste gefeiert und am Neujahrstag ist es Schauplatz des jährlichen Anbadens.

Kühlungsborn hat sich schon immer etwas einfallen lassen, um Touristen anzuziehen. Im Jahr 1938 zum Beispiel waren es zwei neue **Meereswasser-Trinkanlagen**. Ein Glas kühl getrunkenes Ostseewasser sollte den Appetit anregen und Magen-Darm-Beschwerden lindern. Sogar zu den Konzerten der Kurkapelle wurde ein Gläschen Meerwasser serviert. Die Idee des Versands von Meerwasser in Flaschen, um die Kur nach dem Urlaub zu Hause fortzusetzen, hat sich letztlich aber nicht durchgesetzt.

UMWELTSCHUTZ AUS DEM MEER

Besonders nach rauem Wetter türmen sich an vielen Stränden der Ostsee riesige **Seegrasberge**. Die meisten Strandbesucher stört dieses Grünzeug. Dabei hat Seegras viele gute Seiten. Pro Quadratmeter speichert es 30-mal so viel klimaschädliches CO_2 wie die gleiche Fläche Regenwald. Die Wasserpflanze dient Heringen zum Laichen und dämmt die Verbreitung giftiger Vibrionen ein. Außerdem stoppen die grünen Halme Erosion auf dem Meeresboden. In Rostock wird daran geforscht, Seegras künstlich zu züchten und damit neue Wiesen auf dem Grund der Ostsee anzulegen. Weil es zu aufwendig wäre, die Seegrassetzlinge einzeln zu pflanzen, sollen sie wie Rollrasen aufgebracht werden. In Sachsen werden ökologisch abbaubare Trägermatten aus Hanf hergestellt, auf denen kleine Seegrassamen zu einem dichten Pflanzenteppich wachsen. Auf den Durchbruch hoffen die Rostocker Forscher, wenn große Seegraswiesen in der Ostsee als ökologische Ausgleichsmaßnahmen für neue Windräder, Seekabel und Pipelines anerkannt werden.

GRENZPOSTEN KÜHLUNGSBORN

Direkt an der Strandpromenade erinnert in bester Lage ein ❸ **DDR-Grenzwachturm** mit kleinem **Museum** an die Teilung Deutschlands. 27 dieser Grenzbeobachtungstürme standen entlang der Ostseeküste der ehemaligen DDR. Der Kühlungsborner Turm ist der einzige, der besichtigt werden kann. Grenzsoldaten überwachten bis 1989 von den Türmen aus die Seegrenze und machten Jagd auf Republikflüchtlinge, die über die Ostsee die DDR verlassen wollten. In Kühlungsborn war die 6. Grenzkompanie mit Hundestaffel und Suchscheinwerfern in der Kaserne an der Rudolf-Breitscheid-Straße

❸ *Ostsee-Grenzturm Museum Kühlungsborn*

Meeresspaziergänge rund um Kühlungsborn

stationiert. In Rieden am Weststrand Kühlungsborns suchte die 9. Technische Beobachtungskompanie mit elektronischen Mitteln das Meer nach Flüchtlingen und Schiffen ab.

Der Aufwand, gerade die Küste Kühlungsborns so stark zu sichern, ist schwer zu verstehen, immerhin liegt die Küste Schleswig-Holsteins 40 Kilometer entfernt. 5 609 Fluchtversuche wurden nach Behördenangaben seit 1961 registriert. 961 Flüchtende schafften es in den Westen, nach Dänemark oder wurden von einem Schiff aufgenommen. Meist endete die Flucht mit einer Verhaftung, bevor sie begonnen hatte, am Strand oder im Hinterland. Bereits weit im Landesinneren, auf Bahnhöfen und in Zügen, wurde durch Polizei, Staatssicherheit und Informanten auf „verdächtige" Bürger geachtet. Viele bereiteten sich jahrelang auf ihre Flucht vor, tüftelten an besonderen Booten oder Tauchgeräten. Ziele der Fluchten von Kühlungsborn aus waren die schleswig-holsteinische Küste, die Insel Fehmarn und Dänemark. Einige hofften, mit Erreichen der internationalen Seefahrtrouten auf ein Schiff zu stoßen. Besonders im Herbst und Winter war die Flucht über die kalte und stürmische Ostsee gefährlich. Viele Todesopfer wurden an den Küsten im Westen angetrieben und konnten nicht mehr identifiziert werden.

Von Kühlungsborn kann man gut die drei Kilometer nach Bastorf zu Deutschlands höchstgelegenem **Leuchtturm** auf der Erhebung **Buk**

TIPP
KULINARISCH

Der denkmalgeschützte Gutshof Bastorf bietet im Hof-Markt unter den mächtigen Balken der Reetdachscheune hausgemachte Spezialitäten, von Sanddornprodukten bis zu Kräuterdips. Die älteste Scheune des Hofs wurde schon 1750 gebaut. www.hof-markt.de

laufen. Das Leuchtfeuer warnt Schiffsführer vor der Sandbank „Hannibal“ in der Einfahrt zur Wismarer Bucht. Auch wenn der Turm selbst mit 20,8 Metern nicht sehr hoch ist, lohnt es sich, die 55 Stufen zur Aussichtsplattform hinaufzusteigen. Denn bei klarem Wetter ist von dort oben sogar Fehmarn zu sehen. Neben dem Leuchtturm im Café Valentins gibt's nicht nur selbst gemachte Torten, sondern mittags und abends auch herzhafte Kleinigkeiten.

DIE WEISSE STADT AM MEER

Das älteste deutsche Seebad, 4 **Heiligendamm**, ist auch das mondänste. Wegen der klassizistischen Bauten entlang der Seepromenade trägt es den Beinamen **Weiße Stadt am Meer**. Mittendrin, in einmaliger Lage, liegt ein Grandhotel mit direktem Zugang zum Ostseestrand. Allerdings ist die Bezeichnung „Stadt“ für das Seebad mit 300 Einwohnern übertrieben, Heiligendamm ist ein Stadtteil von Bad Doberan.

Die Geschichte des Bades lässt sich bis zu Herzog Friedrich Franz I. von Mecklenburg-Schwerin zurückverfolgen. Der badete 1793 auf Anraten seines Leibarztes hier. Das Seewasser sollte heilsame Wirkung auf eine Reihe von Erkrankungen haben. Die staubarme und feuchte Ostseeluft sollte den Atemorganen guttun. Das sprach sich herum. Aus der nahe gelegenen Münsterstadt **Bad Doberan** folgten betuchte Gäste dem Beispiel Friedrich Franz I. Repräsentative Gebäude wurden mit dem Logierhaus, dem Salongebäude und dem Großherzoglichen Palais zunächst dort in Bad Doberan gebaut, bis 1814 der Baubetrieb auch direkt in Heiligendamm startete. In mehr als 50 Jahren entstand am Ostseestrand ein einmaliges Ensemble von Logier-, Bade- und Gesellschaftshäusern. Der Herzog soll 1 000 Männer seines Landes an das Heer des Königs von Oranien verkauft haben, um den Traum von seinem Seebad zu finanzieren. Über den Eingang des **Kurhauses** ließ Architekt Carl Theodor Severin schreiben: „Freude empfange dich hier, entsteigst du gesundet dem Bade“.

TIPP
AKTIV

Die Keramikmanufaktur Joachim Jung in Glashagen bietet Kurse und Seminare an. Gute Auswahl an keramischen Musik- und Klanginstrumenten. www.jungbrunnen.biz

4 *Deutschlands ältestes Seebad: Heiligendamm*

5 *Zisterzienser-Abtei Bad Doberan*

Frische Ostseeluft tanken kann man auf einer Runde nach **Börgerende**. Der geteerte Weg verläuft direkt neben dem Deich. Der Kollerstrand mit seinen von der Brandung rund geschliffenen Steinen ist ein guter Rastplatz.

Wer noch historische Badebekleidung besitzt, kann beim jährlichen **Anbaden** im Juni an der **Seebrücke Heiligendamm** teilnehmen. Mit Tanz, Musik und Spielszenen rund um Herzog Friedrich Franz I. wird die Badesaison eröffnet.

Die Verkehrsanbindung von Tourismus-Hotspots ist keine Frage, die Urlaubsorte erst seit wenigen Jahren beschäftigt. Als Heiligendamm immer mehr Badegäste anzog, musste 1886 eine Verkehrsanbindung nach Bad Doberan geschaffen werden. Die Schmalspurstrecke wurde 1910 bis nach Kühlungsborn verlängert. Seit dieser Zeit transportiert **„Molli“** schnaufend und bimmelnd Fahrgäste zwischen ihren Urlaubsorten und den Ausflugszielen. 15,4 Kilometer lang sind die Gleise der ältesten **Schmalspurbahn** an der Ostseeküste. Weichen werden noch per Hand gesteuert und auch die Schrankenbäume muss jemand herunterkurbeln, wenn sich die Dampflok nähert.

PERLE DER BACKSTEINGOTIK

Nur sechs Kilometer von der Ostsee entfernt liegt das einst bedeutendste Zisterzienserkloster Mecklenburgs. Das ❺ **Doberaner Münster** steht wie wenige andere Bauten für Glaube, Macht und Reichtum im Ostseeraum. Europaweit ist es die Zisterzienserkirche, die am reichsten mittelalterlich ausgestattet ist. Prächtige Altäre, kostbare Malereien und Schnitzereien, Grabplastiken und Glasmalereien aus sieben Jahrhunderten sind erhalten. Der Hochaltar gilt als der früheste Flügelaltar der europäischen Kunstgeschichte. Nördlich des Münsters steht am Rand des ehemaligen Mönchsfriedhofs ein achteckiger, reich verzierter Kapellenbau. Dieses Beinhaus diente zur Aufbewahrung von Skelettresten, um Mönchsgräber wieder neu belegen zu können.

❺ *Geschnitzte Bibelgeschichte im Doberaner Münster*

TIPP
KULINARISCH

Im Bad Doberaner Torhaus wird nach Rezepten der historischen Klosterküche gekocht. Nebenan im Klosterladen gibt es eine Riesenauswahl hochwertiger Gewürze aus aller Welt. www.torhaus-doberan.de

In seinen besten Zeiten war das **Kloster** ein wirtschaftlicher Großbetrieb, wie das imposante Wirtschaftshaus belegt. Hinter der mehrgeschossigen Arkadenkonstruktion wurde gebraut, gemälzt, Mehl gemahlen und gebacken. Die Bauern der Umgebung wurden verpflichtet, ihr Getreide in der **Klostermühle** mahlen zu lassen. Auch das Kornhaus im Süden der Klosteranlage gehörte zum Wirtschaftsteil des Klosters. Auf fünf Böden wurde hier Korn gelagert. Im Mittelalter war das mit Blendbögen reich gegliederte Gebäude sogar doppelt so lang. Seit Jahren beherbergt es das **Kulturzentrum Bad Doberans.** Auch eine Wollmanufaktur betrieben die Mönche. Heute steht davon nur noch die Ruine als Teil des Landschaftsparks.

Das Kloster ist auch Anlaufpunkt für viele Wanderer, die auf der Via Baltica, die entlang der Ostseeküste führt, pilgern. Auf dem **Hochaltar** ist der Apostel Jakobus abgebildet. Der Heilige, der Schutzpatron der Pilger ist, trägt eine Jakobsmuschel am Hut. Schon im frühen Mittelalter wurden **Pilger** im Kloster aufgenommen. Der Klosterpförtner soll damals immer ein paar neu besohlte Schuhe in Reserve gehabt haben, die er Pilgern bei Bedarf schenken konnte.

Das Klostergelände wird von einer 1 400 Meter langen **Backsteinmauer** eingefasst. In allen vier Himmelsrichtungen befinden sich Tore. Die breite Ostzufahrt, das „Grüne Tor“, gibt es erst seit 1795, nachdem die ehemalige Klosteranlage zu einem englischen Landschaftspark für die Sommerresidenz der mecklenburgischen Herzöge umgestaltet wurde.

HERZOGLICHE SOMMERRESIDENZ

Eines der beeindruckendsten Gebäude in Bad Doberan ist das **klassizistische Palais am Kamp**, das ehemalige Sommerhaus der großherzoglichen Familie. Den ovalen Saal schmückt eine französische Bildtapete, die die Liebesgeschichte von „Amor und Psyche" zeigt. Hier frühstückte früher die Familie des Großherzogs unter den Blicken von Gott Amor und der Königstochter Psyche. Heute finden in dem schönen Saal Konzerte und Lesungen statt.

Daneben leistete sich die Familie noch ein **Salongebäude** mit einem prächtigen Festsaal im Empirestil. Während der Öffnungszeiten der Landkreisverwaltung Rostock kann man sich für eine Besichtigung anmelden. Das **Friedrich-Franz-Palais**, ein spätbarocker repräsentativer Fachwerkbau, ist das älteste Hotel an der Ostseeküste. Seit die Doberaner Spielbank ausgezogen ist, steht es Gästen wieder als Hotel und Restaurant zur Verfügung. Ebenfalls als Hotel wird das **Prinzenpalais** genutzt, das dem Mecklenburger Prinzenpaar viele Jahrzehnte als Sommersitz diente. Sehenswert ist auch die Möckelvilla mit dem Bädermuseum. Die Entwürfe des Architekten Gotthilf Ludwig Möckel prägen das Bild Bad Doberans ebenso wie das Heiligendamms.

TIPP
SEHENSWERT

Der Alexandrinenhof wurde aufwendig saniert und zeigt Handwerkskunst auf höchstem Niveau. Werkstätten und Galerien stehen Besuchern offen.
www.alexandrinen-hof.de

SEEBAD MIT BADEGARANTIE

Umgeben von der Rostocker Heide liegt **Graal-Müritz** direkt an der Ostsee. Schöne restaurierte Katen erinnern an die Geschichte der Fischerdörfer. Seit 1880 das erste Hotel eröffnet wurde, wandelte sich der Doppelort mit seinem fünf Kilometer langen **Sandstrand** zum Tourismusziel.

Durch das Spaßbad Aquadrom kann man in Graal-Müritz mittlerweile 365 Tage im Jahr schwimmen gehen, unabhängig vom Wetter.

Der Besuch von Deutschlands größtem 6 **Rhododendronpark**, der sich auf einer ehemaligen Sandgrube befindet, empfiehlt sich hingegen eher bei schönem Wetter. In dem Park befinden sich circa 2 500 Pflanzen, darunter 60 verschiedene Rhododendronhybriden; die größten erreichen eine Höhe von sechs Metern. Im Mai und Juni stehen die Pflanzen in voller Blüte. Der Eintritt in den Park ist frei.

EINE WIN-WIN-IDEE

Berufsfischer gibt es in den Küstenorten um Rostock immer weniger. Die strengen Fangquoten, die die Ostsee vor **Überfischung** schützen sollen, machen ihnen das Überleben schwer. In Nienhagen, zwischen Kühlungsborn und Warnemünde, wird deshalb daran geforscht, ob die dortigen Fischer nicht auch von der **Muschelernte** leben könnten. Am künstlichen Riff vor Nienhagen versucht die Landesforschungsanstalt für Landwirtschaft und Fischer herauszufinden, ob sich in Aquakultur nicht gleichzeitig Fische und Muscheln züchten ließen.

Bei der Aquakultur, bei der die Fische in riesigen Netzen gezüchtet werden, sinkt viel Futtermittel in die Ostsee ab und auch die Ausscheidungen der vielen Fische auf engem Raum stellen ein Problem dar. Muscheln unter den Netzen könnten Stickstoffe und Phosphate aus dem Wasser filtern. Sie arbeiten rund um die Uhr wie ein Biofilter und nehmen nur auf, was ihnen selber nicht schadet. Um eine Tonne Fisch sauber zu erzeugen, müssten sechs Tonnen Muscheln ihre Putzerarbeit machen. Erreichen die Muscheln selbst eine Größe von mehr als vier Zentimetern, können sie ebenfalls als Delikatesse verkauft werden. Den kleinen Küstenfischern könnte diese Idee die Existenz retten.

Im Nordosten von Graal-Müritz kann man auf vielen Wanderwegen durch verschiedene Moorformen laufen. Entstanden ist das **Ribnitzer Große Moor** vor gut 6 000 Jahren. Ende der 1990er-Jahre wurde dieses Gebiet wieder renaturiert und ist seitdem ein Paradies für Frösche.

6 Blühsaison im Rhododendronpark Graal-Müritz

ERLEBNIS-TIPP

WUNDERSAM BIZARRE BÄUME – Wind und Wetter können Bäume ganz schaurig formen. Deshalb wird der Küstenwald beim Ostseebad Nienhagen auch **Gespensterwald** genannt. Buchen, Eichen und Eschen haben über Jahre versucht, dem blanken Hans von der Ostsee nicht die Stirn zu bieten. Ihre Kronen haben die Laubbäume landeinwärts gedreht und die Äste haben sich gespensterhaft verdreht.

www.ostseebad-nienhagen.de

In der **Sommerlinde** an der Dorfkirche in Polchow im Landkreis Rostock kann man sogar heiraten. Mehrere Blitzeinschläge haben den mehr als 800 Jahre alten Laubbaum gespalten. Die älteste Sommerlinde des Nordostens ist ein Baumriese mit einer gigantischen Krone.

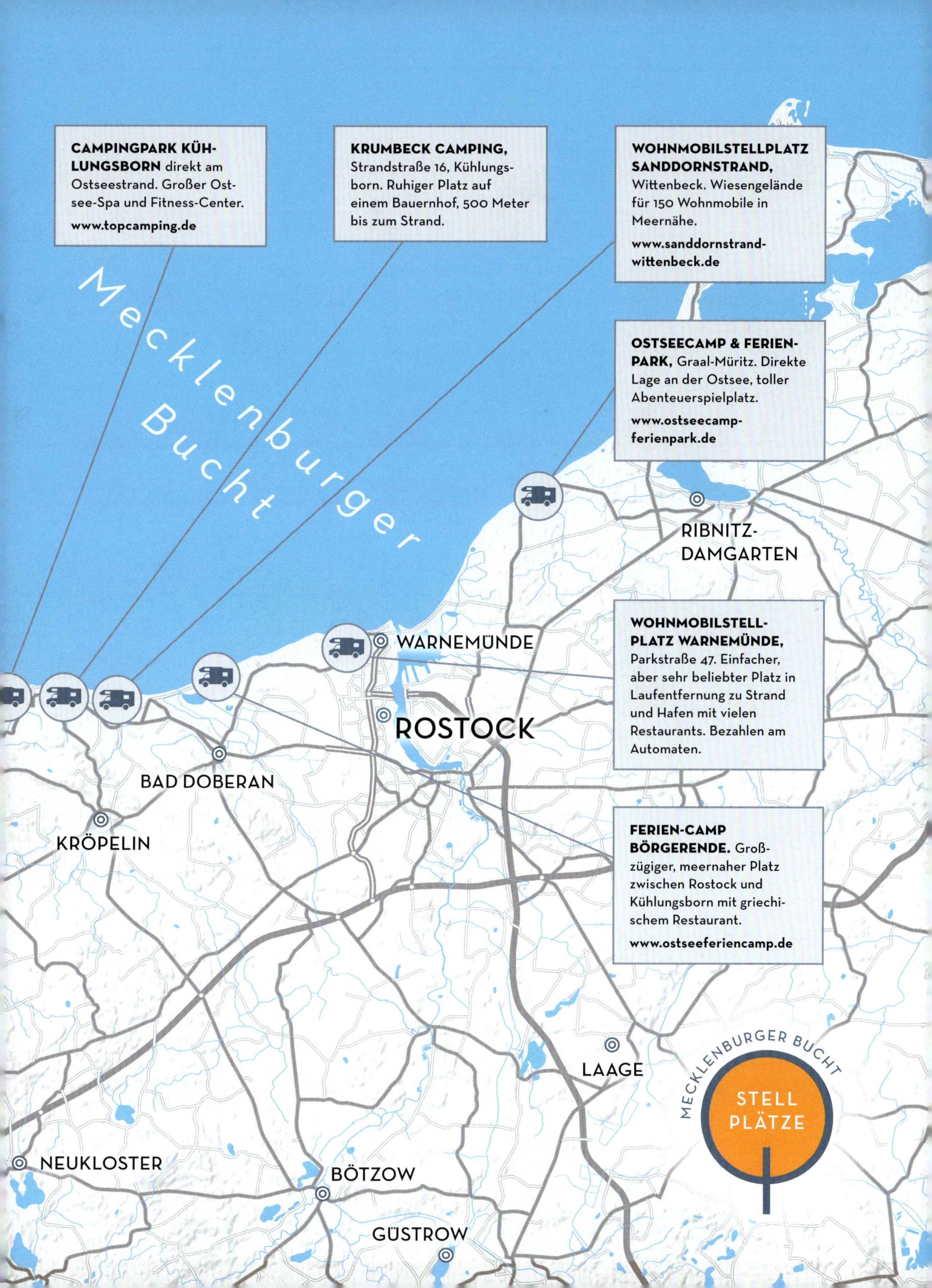
CAMPINGPARK KÜHLUNGSBORN direkt am Ostseestrand. Großer Ostsee-Spa und Fitness-Center.
www.topcamping.de
KRUMBECK CAMPING, Strandstraße 16, Kühlungsborn. Ruhiger Platz auf einem Bauernhof, 500 Meter bis zum Strand.
WOHNMOBILSTELLPLATZ SANDDORNSTRAND, Wittenbeck. Wiesengelände für 150 Wohnmobile in Meernähe.
www.sanddornstrand-wittenbeck.de
OSTSEECAMP & FERIENPARK, Graal-Müritz. Direkte Lage an der Ostsee, toller Abenteuerspielplatz.
www.ostseecamp-ferienpark.de
Mecklenburger Bucht
RIBNITZ-DAMGARTEN
WARNEMÜNDE
WOHNMOBILSTELLPLATZ WARNEMÜNDE, Parkstraße 47. Einfacher, aber sehr beliebter Platz in Laufentfernung zu Strand und Hafen mit vielen Restaurants. Bezahlen am Automaten.
ROSTOCK
BAD DOBERAN
KRÖPELIN
FERIEN-CAMP BÖRGERENDE. Großzügiger, meernaher Platz zwischen Rostock und Kühlungsborn mit griechischem Restaurant.
www.ostseeferiencamp.de
LAAGE
MECKLENBURGER BUCHT
STELL PLÄTZE
NEUKLOSTER
BÜTZOW
GÜSTROW

Kein Bad ohne Regeln: historische Postkarte Ahlbeck

Schickliche Baderegeln

Mit dem Aufkommen des Badetourismus an den Stränden rund um Rostock wurde schon früh darauf geachtet, dass es nicht drunter und drüber ging: Aus heutiger Sicht wurden kuriose Baderegeln aufgestellt.

BESSER KEINEN BLICK RISKIEREN 1

Um Badegäste vor neugierigen Blicken von Spaziergängern zu schützen, erließ das großherzogliche Amt zu Doberan 1882 erste Richtlinien und Verbote für das Betreten des Strandes während der Badezeit. Die Schilder am Strand trugen die Aufschrift: „Unbefugten ist das Hin- und Hergehen am Strande bei Strafe bis zu 30 Mark, aushülfsweise Haft, verboten."

Badekarren mit Pferdeantrieb

Der aufkommende Badetourismus, hier Sellin

INS WASSER NUR MIT PFERD 2

In Alt Gaarz, dem heutigen Rerik, wurde streng darauf geachtet, die Badenden nach Geschlechtern zu trennen. Im Ostseeboten vom 2. August 1890 wurde gefordert: „Das Frauenbad muss gegen Westen hin eine Deckung durch Leinwand oder Bretter haben." Ein Badekarren, der von einem Kutscher mit Pferdegespann ins Wasser gezogen wurde, diente als hölzerne Umkleidekabine. Über eine kleine Treppe ging es auf der zum Strand abgewandten Seite dann zum Baden in die Ostsee.

ERST LESEN, DANN BADEN 3

Die „Allgemeinen Baderegeln" Heiligendamms wurden sogar als Büchlein herausgegeben. Die Regeln dienten „dem unvorsichtigen Draufgänger als Warnung, dem Zauderer als Ermutigung und dem Unkundigen als Anleitung". Das Nachschlagewerk sollte es dem Leser ermöglichen, „das rechte Maß zwischen ernsthafter Kur und kurzweiliger Zerstreuung zu finden, sei es im Bad, bei der Promenade, bei geselligen Konversationsrunden, gymnastischen Übungen, beim Tanzen oder beim Hasardspiel."

EXTRA

FISCHLAND, DARß, ZINGST

FISCHLAND, DARß, ZINGST

Zwischen Bodden und Ostsee

Kann ein Tourismusziel am Meer einen werbewirksameren Namen haben als Fischland? Wenn der Name der Halbinsel Fischland-Darß-Zingst fällt, beginnt das Kino im Kopf: weite Strände, eine von Wind und Wellen geformte Landschaft und die Zeesboote mit ihren rotbraunen Segeln auf dem Bodden.

FÜR EIN LAND ist **Fischland** ziemlich klein, gerade einmal fünf Kilometer lang und nur zwischen 500 Meter und zwei Kilometer breit. Dafür ist die südlichste der ehemaligen Fischerinseln Fischland, Darß und Zingst besonders schön.

Ostsee-Delikatesse: Matjesbrötchen

Zur Ostsee hin prägen flache Strände und Steilufer das Bild, zur Boddenküste hin die schilfbewachsenen Ufer. Das Ostseebad **Dierhagen** ist der erste Ort, durch den man kommt, wenn man auf die Halbinsel fährt. Viele bleiben für den Urlaub gleich hier, denn direkt hinter dem Deich liegt ein wunderbarer, **sieben Kilometer langer Sandstrand**. Dierhagen Ost befindet sich, wie der Name es schon andeutet, auf der Ostseeseite und ist durch seine vielen Reetdachhäuser besonders gemütlich.

Direkt am Saaler Bodden liegt **Dändorf** mit seinen **historischen Kapitänshäusern**. Von dem kleinen Boddenhafen aus kann man mit dem

TIPP
ERLEBEN

Der alte Dändorfer Hafen war früher ein Umschlagplatz für Salz. Mittlerweile ist er aufwendig saniert und ein guter Zwischenstopp für Wasserwanderer.

1 Ribnitzer Großes Moor S. 63

2 Ahrenshoop S. 65

3 Leuchtturm Darßer Ort S. 69

4 Darßer Türen S. 72

5 Reetdächer S. 74

6 Zingster Tauchgondel S. 75

Kein Boddenhafen ohne Zeesboote

Boddenskipper auf Bootstour gehen oder in der kleinen Segelschule Einsteigerkurse buchen. *www.boddenskipper.de*

Auch die beiden Dierhäger Häfen liegen auf der Boddenseite. Hier werden vom Kutter aus in der Saison Fischbrötchen verkauft. Wer Hering, Hecht oder Zander jedoch lieber auf dem Teller serviert bekommt, sitzt im Restaurant Boddenblick gut draußen auf der Terrasse.

In den Boddengewässern fühlen sich mehr als 45 Fischarten wohl. Nicht alle landen in Fischbrötchen oder auf Tellern. Einige sind zu klein, andere schmecken nicht und die kleinen Stichlinge gehen einfach durchs Netz. In vielen Geschäften liegt „Frisch vom Fischer" aus, ein Fischeinkaufsführer, der über die heimischen Fische informiert. Für die Fischer ist es wichtig, nicht nur Fisch zu fangen, sie wollen mit dem kleinen Führer Abnehmer finden, um ihren Fang zu fairen Preisen verkaufen zu können.

TIPP
ERLEBEN
Direkt an der Regnitz, 300 Meter vom Ribnitzer Bodden entfernt, liegt das kleine Schloss Pütnitz, eigentlich das Gutshaus eines ehemaligen Ritterguts.
www.schloss-puetnitz.de

Am Bodden entlang führt ein Radweg zum alten Salzhafen. Wer mehr Energie hat, kann die 36 Kilometer lange **Pütnitz-Tour** fahren. Start ist am Haus des Gastes in Dierhagen Strand. Über Körkwitz-Dorf, Ribnitz, Damgarten und Pütnitz führen die gut ausgebauten Radwege bis zum ehemaligen Flugplatz, auf dem heute osteuropäische Fahrzeuge und Motoren ausgestellt werden. Für den Weg zurück kann man nach vorheriger Anmeldung auch das Schiff nehmen.

Auch das Seebad **Warnemünde** ist von Dierhagen aus gut mit dem Fahrrad zu erreichen. Ab Neuhaus werden die Wege sandig, dafür entschädigt aber der Ostseeblick. Ab dem Großen Moor führt ein Plattenweg an der Küste entlang bis nach **Graal-Müritz**. Der Weg durch die Rostocker Heide ist abwechselnd geschottert und asphaltiert. Von Markgrafenheide kommt man nach insgesamt 25 Kilometern nach Hohe Düne. Regelmäßig setzen die Fähren von dort nach Warnemünde über.

WANDERPARADIES

Der südliche Rand des Fischlands eignet sich auch gut zum Wandern. Unbedingt lohnenswert für alle Naturbegeisterten ist ein Besuch des Naturschutzgebietes **1 Ribnitzer Großes Moor.** Das Hochmoor bildet mit dem Küstenwald eine einzigartige Landschaft und ist Lebensraum sehr spezieller Pflanzen und selten gewordener Tierarten. Zur typischen Moorvegetation gehören Wasserschwertlilien, Sumpffarn und Wasserdost, aber auch die Blauen Moorfrösche und die Rote Heidelibelle sind hier beheimatet.

Fünf ausgeschilderte Wanderwege führen durch die Moorlandschaft. Die Parkplätze „Parkschneise" und „Müritz Ost" sind ausgeschildert. Ein Exkursionsweg und ein Weg durch die ehemaligen Neuhäuser Torfstiche sind schöne Rundwandertouren. Die Wege führen über Brücken und Bohlenstege zu immer neuen Aussichtspunkten. Info-Tafeln sind auf dem aktuellen Stand.

WO DIE BÄUME VOR DEM WIND FLÜCHTEN

Den größten Teil der Halbinsel macht der **Darß** aus: Wald, Steilküsten und Strände. 5 600 Hektar Fläche gehören zum Nationalpark Vorpommersche Boddenlandschaft mit seiner vielfältigen Tier- und Pflanzenwelt. Born, Wieck und Prerow sind Darß-Gemeinden, der Künstlerort Ahrenshoop nur zum Teil. Durch Ahrenshoop verläuft am Grenzweg nicht nur die alte Landesgrenze zwischen Mecklenburg und Vorpommern. Der nördliche Teil von Ahrenshoop gehört zum Darß, der südliche Bereich zum Fischland.

Das **Hohe Ufer** südlich von **Ahrenshoop** bietet einen schönen Wanderweg. Weil die Meeresbrandung dieses Kliff immer neu formt, wird es aktives Kliff genannt. In stürmischen Wintern beträgt der **Kliffabbruch** bis zu fünf Meter. Eine Bürgerinitiative sammelt mittlerweile Geld, um Wellenbrecher aus Beton vor der Küste zu finanzie-

1 *Regenmoor mit Waldmuseum*

ren. Der schmale Fußweg direkt an der Steilküste führt über drei Kilometer durch Sanddornbüsche, Heckenrosen und kleine Waldstücke. Bei gutem Wetter hat man einen Blick bis zur dänischen Küste. Abschnitte des Wegs unterhalb des Steilufers sind wegen Abbruchgefahr gesperrt. Zum Teil hat sich das Meer schon 100 Meter tief in die Steilküste vorgearbeitet und auch viele der imposanten „Harfen-Bäume“ mitgerissen. Diese wie eine geneigte Harfe aussehenden Bäume werden hier oben auch **Windflüchter** genannt. Bäume und Sträucher, deren Wuchsform vor allem durch den aus einer Himmelsrichtung wehenden Wind bestimmt wird.

WIND, MUSIK UND MEER

Am Steilufer zwischen **Ahrenshoop** und **Wustrow** findet jeden Sommer das Abschlusskonzert der Reihe **Naturklänge** statt. An verschiedenen Orten rund um den Nationalpark Vorpommersche Boddenlandschaft wird besondere Musik an besonderen Open-Air-Orten geboten – das Ganze, bevor die untergehende Sonne im Meer versinkt. Wer beim Konzert zur Sicherheit eine Decke und Mückenspray dabeihat, wird diese einmaligen Konzerte gut in Erinnerung behalten.

Am Strand von **Wustrow** steht eine Besonderheit: das erste (und letzte) **DDR-Windrad**, das am 10. Oktober 1989 an der Ostseeküste ans Netz ging. Es versorgte den VEB-Holzhandel, der Energie benötigte, um die produzierten Spundbretter zu trocknen, die in den Westen geliefert werden sollten. Weil Energierohstoffe Mangelware in der DDR waren, durften die Trockenkammern weder mit Öl, Gas noch Strom geheizt werden. Der Windstrom half, Braunkohle einzusparen.

Windflüchter zeigen an, woher die Brise weht

❷ *Ahrenshoop, am Übergang vom Fischland zum Darß*

SEEBAD UND KÜNSTLERKOLONIE

Es ist das besondere **Licht**, das Künstler seit mehr als 100 Jahren nach ❷ **Ahrenshoop** zieht. Im Frühjahr beschreiben es Maler als bläulich, im Sommer als golden und im Herbst als rot. Hier, ans Ende der Welt, zogen sich Künstler wie Erich Heckel, Alexej von Jawlensky oder Georg Ludwig zurück. Erst um 1950 wurde die erste befestigte Straße durch das Fischerdorf gebaut.

1951, zwei Jahre nach Gründung der DDR, wurde in **Ahrenshoop** trotz der Restriktionen der kirchenfeindlichen Behörden des jungen Staats die neue **Schifferkirche** erbaut und geweiht. Der Architekt Hardt-Waltherr Hämer musste sparsam sein und mit Baumaterialien der Küste auskommen: Rohr, Holz, Ziegel. Dabei improvisierte er auch viel. Die Marmorplatte des ursprünglichen Altars beispielsweise war die Schreibtischplatte seines Vaters aus Prerow. Als Taufschale diente eine Schüssel, die seine Mutter auf der Flucht aus Russland gerettet hatte. Die Bildhauerin Doris Oberländer-Seeberg nutzte für die Kanzel und den Ständer des Taufbeckens das Holz einer am Bauplatz gefällten Pappel. Die vier gestifteten Schiffsmodelle, die von der Decke herabhängen, symbolisieren Glaube, Liebe, Hoffnung und Frieden.

Kunstmuseum für Licht, Luft und Freiheit

Ahrenshoop hat sich der Europäischen Vereinigung der Künstlerkolonien angeschlossen und 2013 ein architektonisch aufsehenerregendes **Kunstmuseum** eingeweiht. Getragen wird es von einem Verein, der auf öffentliche Zuschüsse verzichtet. Die Sammlung umfasst fast 1 000 Werke zur Kunst des späten 19. und 20. Jahrhunderts an der Ostsee.

Wechselnde Ausstellungen über die Künstlerkolonie zeigt der **Ahrenshooper Kunstkaten**, eine der ältesten Galerien Norddeutschlands rund um Natur und Meer. Schon im Sommer 1909 trafen sich hier Kunstfreunde, um einen Treffpunkt jenseits des kommerziellen Kunsthandels zu errichten. Der im Fischlandstil gebaute Kunstkaten war Vorbild für viele weitere Häuser in Ahrenshoop. Damit trug der Katen dazu bei, der architektonischen Verschandlung des Dorfes vorzubeugen.

TIPP
SEHENSWERT
Der Landschaftsmaler und Lithograf Paul Müller-Kaempff gründete die Künstlerkolonie Ahrenshoop. 1892 baute er in der Dorfstraße 18 sein Atelier- und Wohnhaus und gründete die Malschule Lukas.

Ein beliebtes Fotomotiv ist das Galerie- und **Ausstellungshaus Dornenhaus**. Auch viele Maler haben das Reetdachhaus von 1660 auf ihren Bildern festgehalten. Heute töpfert Friedemann Löber hier traditionelle Fischlandkeramik.

Die **Kunst Ahrenshoops** kann man sich wunderbar erlaufen. Ein 13 Kilometer langer Rundwanderweg, in den man gut im Grenzweg einsteigen kann, führt zu zehn Stationen mit Gemälden bekannter Künstler. Die Schautafeln erklären, wie die Künstler das Fischerdorf zu ihrer Zeit wahrgenommen haben.

Bis 1929 war der **Hafen Ahrenshoop-Althagen** für die Verbindung zwischen Ribnitz-Damgarten und Ahrenshoop ein kleiner Verkehrsknotenpunkt.

Kunstkaten mit Wechselausstellungen

Fischerhäuser am Saaler Bodden

Denn bis dahin gab es bis Niehagen, wo Fischlands höchster Berg liegt, keine befestigte Straße. Nach Ribnitz-Damgarten fuhr man mit dem Fährschiff. Heute ist es ein Touristenhafen, der gerne von Freizeitkapitänen angesteuert wird. Vor Anker liegen Fahrgastschiffe, Zees- und Fischereiboote. Jeweils am dritten Septemberwochenende startet hier die „Althäger Fischerregatta".

TIPP
KULINARISCH
Das Restaurant Weitblick im Ahrenshooper Hotel „The Grand" ist eine besondere Adresse: fein essen im höchsten Restaurant auf dem Darß. Die Karte reicht von konfierten Zanderbäckchen über in kreolischen Gewürzen arrosiertem Lachsfilet bis zu Kürbis-Crème Brulée.
www.the-grand.de

TIPP
KULINARISCH
Fangfrischen preiswerten Fisch bietet die Ahrenshooper Fischkiste in der Dorfstraße. Frank Hebel ist ein Meister der Räucherei und der Fischverarbeitung.
www.ahrenshooper-fischkiste.de

TRADITION UNTER WIND

Wer in flachen Lagunengewässern segeln will, braucht ein Boot mit wenig Tiefgang. Die **Zeesboote** aus Eichenholz sind ideal für dieses Revier an der vorpommerschen und mecklenburgischen Küste. Wer sie als Nussschalen bezeichnet, liegt gar nicht so falsch, denn der Bootsrumpf ist tatsächlich wie eine Nussschale geformt. Damit sich das Boot bei geringer Tiefe nicht festfährt, ist das Schwert –

Die braunen Segel der Zeesboote sind typisch für die Region

wie bei einer Jolle – versenkbar. Diese **hölzernen Fischersegler** eignen sich gut zum „Zeesen", also ein Segel gegen den Wind stellen und ein großes Netz hinter sich herziehen. Zeesen selbst sind sackförmige Grundschleppnetze. Sie werden durch Driftbäume aufgespreizt und durch Auftriebskörper an der Oberseite und Gewichte an der Unterseite offen gehalten.

Fast wären die Zeesboote verschwunden, als der Fischfang nicht mehr genug Geld einbrachte. Gut, dass einige segelsportbegeisterte Fischer anfingen, mit ihren Booten in der Freizeit Regatten zu fahren. Heute sind viele der alten Fischerboote tipptopp restauriert und erinnern an die alten Zeesfischer. Die stolzen Besitzer bieten ab den Häfen Althagen, Wustrow, Dierhagen, Zingst, Ribnitz, Born und Wieck **Touristentörns** auf den Boddengewässern an. Früher waren braunrote Segel keine Besonderheit. Der Segelstoff wurde mit Gerbbrühe imprägniert und die Lohe färbte den Stoff braun.

Genutzt werden die Zeesboote auch für ein hochprozentiges Experiment. Als „blinde Passagiere" fahren bis zu sechs **Rumfässer** im Rumpf der Boote mit über den Bodden. Eine ganze Urlaubssaison lang werden die Fässer im Bauch der Boote sanft geschaukelt und dem Klima ausgesetzt. Dadurch sollen sich die Aromen der alten Portwein-Eichenfässer mit denen des eingefüllten Rums verbinden. In Flaschen abgefüllt wird diese **Rumult Zees Edition** in ausgewählten Geschäften verkauft.

Der **Holzbootsbau** hat viele Modelle hervorgebracht, neben den Zeesbooten auch Heuer, Polte und kleine Netzboote. Rund 40 dieser Netzboote, zwischen 4,5 und 7,5 Meter lang, wurden wieder instand gesetzt. Zwischen April und November werden diese **Lüttfischerboote** auch vermietet. Wer schon lange nicht mehr an der Pinne saß, kann auch geführte Törns mitmachen.
www.alteboote.de

Am Parkplatz am Hafen von Prerow startet die 29 Kilometer lange Darß-Radtour. Über den Deich geht es nach Norden und durch den Nationalpark zum ❸ **Leuchtturm Darßer Ort**. 126 schmiedeeiserne Stufen mit durchbrochenen Blumenmotiven führen auf die 29 Meter hohe Plattform des roten runden Ziegelturms. Das Leuchtfeuer Darßer Ort ist nach dem Schinkelturm auf Kap Arkona das zweitälteste Seezeichen Mecklenburg-Vorpommerns, das noch existiert. Über Großer Stern, Linder Weg, Born, Bliesenrade und Wiecker Hafen geht es zurück nach Prerow. Teilweise führt die Strecke über Sand- und Pflasterwege, unter märchenhaften Bäumen hindurch. Proviant und Getränke gibt es in Born, Wieck und Prerow.

Aber auch Wanderer kommen nicht zu kurz. Eine knapp fünf Kilometer lange Rundwandertour startet am Regenbogencamp in Prerow. Wir gehen die Runde links herum zum Leuchtturm Darßer Ort und folgen dann der Küstenlinie nach Norden. Durch die Boddenlandschaft geht es am Libbertsee vorbei, bevor wir am Ottosee entlang wieder zu unserem Ausgangpunkt kommen.

LEBENSRETTER LEUCHTTURM

Bevor der Leuchtturm an der Nordwestspitze der Halbinsel 1848 fertiggestellt wurde, verunglückten Hunderte Schiffe an der Küste von Fischland und Darß. Am gefährlichsten waren damals die ständig wandernde Spitze des Darßer Ort und die Prerowbank. Wegen der starken Strömung und durch aus Westen wehende Winde trieben die Schiffe nach Osten ab, obwohl sie Kurs hielten. Viele strandeten auf den gefährlichen Untiefen am sich unberechenbar verändernden Meeresboden. Den havarierten Schiffen verdankten viele Darßer bis zum Bau des Leuchtturms Baumaterial und Feuerholz.

❸ *Leuchtturm am Darßer Ort*

Natur pur im Nationalpark Vorpommersche Boddenlandschaft

WILDNIS AM MEER

Die Kernzone Darßer Ort des **Nationalparks Vorpommersche Boddenlandschaft** bietet 36 markierte Pfade durch Schilfgebiete, Dünen und den Darßwald. Von den Eichenbohlentürmen lassen sich Zugvögel, Schwarz- und Rotwild am besten beobachten.

Das **Natureum** in den Gebäuden am Leuchtturm Darßer Ort ist eines der beliebtesten Ausflugsziele auf dem Darß. Ein Aquarium mit Fischen und vielen wirbellosen Tieren zeigt die Vielfalt der Ostsee. In der Ausstellung bringen präparierte Schweinswale, Robben und Seehasen Besuchern den Naturraum Darßer Ort näher. 1991 suchte das Wasser- und Schifffahrtsamt Stralsund einen Nutzer für das von der Armee geräumte Leuchtturmgehöft. Ein Glücksfall, dass auch die Stiftung Deutsches Meeresmuseum zur gleichen Zeit einen Standort für eine Ausstellung im neuen Nationalpark suchte.

SANDBURGENBAU AM STRAND

In dem 130 Jahre alten Fischerort **Prerow** lohnt sich ein Stopp an der fast 400 Meter langen Seebrücke und bei passendem Wetter ist der fünf Kilometer lange und 100 Meter breite Strand ein Traum. Übrigens: **Strandburgenbauen** scheint immer stärker aus der Mode zu kommen, kaum noch jemand hat Spaß daran, stundenlang zu schippen. Auf alten Postkarten sahen Strände auf Fischland-Darß-Zingst oft aus wie Kratermondlandschaften, übersät von Sandburgen. Heute haben sie Seltenheitswert und in Strand- und Badeordnungen gibt es genaue Vorgaben, die einzuhalten sind. Der Durchmesser von Strandburgen darf 3,5 Meter nicht überschreiten und sie dürfen nicht höher als 30 Zentimeter sein. Außerdem müssen sie mindestens zwei Meter vom seeseitigen Dünenfuß entfernt sein und dürfen nur aus Sand gebaut werden, der in einem Abstand von mehr als zwei Metern zum Dünenfuß abgegraben wurde.

TIPP
SEHENSWERT

Jeden Sommer wird Prerow zum Zentrum für Cartoonfans. Die Ausstellung CARTOONAIR AM MEER wählt jedes Jahr ein anderes witziges Thema für die Karikaturen-Freiluftschau. www.cartoonair.de

SCHMUCKES BODDENDORF

Auch **Born** ist ein schönes Dorf geblieben, das sich über viereinhalb Kilometer am Bodden entlangzieht. Im Ortszentrum erinnern „Peterssons Hof" und „Borner Hof" an die Anfänge des Bäderwesens in Born. An der Chausseestraße/Ecke Grüner Winkel informiert eine Tafel auf einem alten Buhnenpfahl über Wasserprobleme auf dem Kuhlenbruch. Erst 1973 wurde dieser Teil Borns an die örtliche Hauptwasserleitung angeschlossen. Im Rosengang erinnert eine Tafel an den Kapitän Johann Heinrich Ferdinand Parow, der 1834 in Born zur Welt kam. Parow erlitt 1865 vor Südafrika Schiffbruch und wurde dort sesshaft. Heute trägt ein Vorort von Kapstadt seinen Namen.

Nur zu Fuß, per Fahrrad oder mit der Kutsche ist der Turm zu erreichen

Hering und Hornhecht lieben den Bodden

In Born wird die Tradition des **Tonnenabschlagens** am Leben erhalten. Dabei müssen Reiter aus einem hängenden, mit Laub und Bändern geschmückten Heringsfass mit Knüppeln den Boden und die Stäbe herausschlagen. Dem Reiter, der das allerletzte Holzstück abschlägt, wird für ein Jahr die „Tonnenkönigswürde" verliehen. Tonnenbünde, die sich jeden Sommer zu diesem Volksfest treffen, gibt es unter anderem auch in Ahrenshoop, Alt- und Nienhagen.

AUF DEM POSTKARTENPFAD DURCH WIECK

Im alten **Wiecker** Schulhaus und dem neuen Anbau informiert das Nationalparkzentrum **Darßer Arche** über die Pflanzen- und Tierwelt der Ostseehalbinsel Darß. Ziel des Zentrums ist es, durch unterschiedliche Medien- und Präsentationsformen das Vorstellungsvermögen der Besucher anzusprechen und spürbar zu vermitteln, welche Kräfte die Landschaft geformt haben.

Wer die Geschichte Wiecks über alte Postkarten erfahren will, kann die sieben Stationen des **Postkartenpfads** durch das Dorf ablaufen. Er zeigt, wie sich der Ort seit den historischen Aufnahmen verändert hat. Wo heute am Bodstedter Bodden dichtes Schilf wächst, lag 1930 Wiecks künstlich angelegter weißer Strand mit Strandkörben, einem Strandhaus und Umkleidekabinen. Die 90-minütige Wanderung führt an der Holzerlandwerft vorbei, am Alten Krug, durch die Straßen Nord- und Südkaten bis zum alten Schulgebäude.

KUNST AUF HAUSTÜREN

Dass Haustüren nicht nur zweckmäßig, sondern durchaus auch sehr schön sein können, beweisen die ❹ **Darßer Türen**. Besonders in Prerow, Born, Wieck und Wustrow sind sehr alte bemalte Türen die Visitenkarten ihrer Häuser. Häufigstes Motiv ist der Sonnenaufgang. Er steht dafür, dass die Seeleute wieder sicher von ihrer Fahrt zurückkommen sollen. Zahlreiche Symbole finden sich, die vor Feuer, Blitz und Zauberei bewahren sollen. Der Lebens- oder Tulpenbaum steht für Lebenskraft und Lebensfreude. Eine kleine Sammlung historischer Türen ist im Prerower **Darß-Museum** ausgestellt. Die örtliche Kunsttischlerei Roloff, Lange Straße 30, stellt diese Türen seit 1832 her und hat sich Motive und Entwürfe patentrechtlich schützen lassen.

Direkt vor dem Kurhaus Prerow startet der gut sechs Kilometer lange **Haustürenpfad**, auf dem man die schönsten Türen im alten Ortskern bewundern kann. Der Weg führt über die Hauptstraße und die Waldstraße zum Darß-Museum. Der älteste Teil Prerows befindet sich in der Nähe des

TIPP
GENIESSEN
Schokoladen mit einem besonderen Geschmackserlebnis entstehen in der Manufaktur Choklad Zimmer in Born. Wie unterscheiden sich geschmacklich Schokoladenbohnen aus Tansania von denen aus Nicaragua oder São Tomé? Hier lässt es sich wunderbar „erschmecken". www.chokladzimmer.de

❹ *Echte Handwerkskunst: Darßer Haustüren*

Hafens an der Alten Straße. Hier prägen typische Darßer Bauernhäuser mit ihren rohrgedeckten Dächern das Bild. Je nach Tageszeit kann man in der Fischgaststätte Rennhack in der Waldstraße Pause machen oder Kaffee und Kuchen im Café Ulenhoef in der Grünen Straße genießen.

HÖCHSTER PUNKT

Auf der Halbinsel gibt es nicht nur flaches Land. Die **Hohe Düne** am Ortsrand von Prerow ist mit 13 Metern die höchste Erhebung im weiten Umland. Auf der Düne steht ein hölzerner Aussichtsturm. Von dort kann man den Blick auf den Prerowstrom und die Boddenlandschaft genießen und bei gutem Wetter sogar bis nach Hiddensee und Møn sehen.

TIPP
KULINARISCH

In Wieck verrät einem die Nase, wenn in der Darßer Manufructur Fruchtmus gekocht wird. 70 000 Gläser werden hier jedes Jahr mit köstlichem Sanddorn gefüllt und in der Region verkauft. Das Sanddornmark gibt es auch mit Walnuss, Holunderblüte oder Blaubeere.
www.darsser-manufructur-onlineshop.com

GUT BEDACHT

Rohr oder auch Reet hat eine steile Karriere als Baumaterial hinter sich. Früher nutzten es bevorzugt arme Leute, die das Schilfrohr an der Küste ernteten, es trockneten und ihre Dächer damit deckten. Heute muss man sich ein solch aufwendiges 5 **Reetdach** leisten können. Handwerker, die mit Rohr umgehen können, sind rar und kennen ihren Marktwert. Das Rohr beziehen sie in geschnürten Bündeln. Auf drei Arten wird es verarbeitet. Es wird entweder auf den Dachlatten verteilt und so verschoben, dass die unteren Halmenden eine schräge einheitliche Fläche bilden. Die Wurzelenden des Schilfs zeigen dabei zum Boden. Bei den gebundenen oder den geschraubten Dächern wird der Haltedraht auf die einen Meter breiten und zehn bis 20 Zentimeter starken Lagen gelegt und mit einem Klopfbrett werden die Lagen „hochgeklopft". Dies geht so Lage für Lage bis zum Dachfirst. Sind Material und Konstruktion des Daches gut, hält ein Reetdach bis zu 50 Jahre lang.

TIPP
GENIESSEN

Dass Kaffee aus vorpommerschen Lupinen geschmacklich überzeugt, beweist die Barther Bio-Rösterei LandDelikat. Blauer Lupini und Gelber Luteus (aus Getreide) schmecken nach Urlaub am Meer. www.landdelikat.de

WO ZINGST AM SCHÖNSTEN IST

Auch der **Zingst** war ursprünglich eine eigenständige Insel und nicht nur ein Ort, wie viele Besucher des Ostseeheilbades denken. 20 Kilometer ist dieser östlichste Teil der Halbinsel Fischland-Darß-Zingst lang. Die Hohe Düne von Prerow ist mit 100 Metern die schmalste Stelle der gesamten Halbinsel zwischen Prerowstrom und Ostsee. Vor Zingst liegen im Osten die Vogelinseln Großer Werder und Bock, südlich vorgelagert sind Großer Kirr und Barther Oie. Tausende von Zugvögeln rasten hier im Frühjahr und im Herbst im Watt. Ein kleines Kranich-Museum wurde im Gutshaus Hessenburg eingerichtet. *www.kranichhotel.de*

Abseits des Ostseestrandtrubels: ruhige Badeplätze am Bodden

❺ *Rohrgedeckte Strandhäuser*

Zingst mit seinem 15 Kilometer langen, meist naturbelassenen Strand hat sich gut auf Familienurlaub eingestellt. Kleine Forscher können im **Experimentarium** die wunderlichsten Dinge ausprobieren. Es sieht aus, als sei an der Seestraße in Zingst ein gewaltiges Schiff gestrandet, hinter dem sich die typischen Giebel der Hansezeit in leuchtenden Farben erheben. Das Schiff ist ein begehbares Holzspielzeug mit Werkstatträumen. Besucher werden an die Welt der Physik und an altes Handwerk herangeführt. Eine Surfschule am Strand bietet Kurse im Kitesurfen, Windsurfen, Surfen und Segeln.

An der 270 Meter langen **Zingster Seebrücke** wartet ein besonderes Urlaubs-Highlight. Mutige können in einer ❻ **Tauchgondel** für jeweils eine halbe Stunde auf Entdeckungstour in die Ostsee gehen und dabei die Pflanzen- und Tierwelt erkunden. In der Tauchgondel, die 1993 eingeweiht wurde, gleiten bis zu 30 Personen rund vier Meter tief unter die Wasseroberfläche hinab. Während der Reise in die Tiefe erfährt man viel Wissenswertes.

Vom Schlösschen Sundische Wiese, einem um 1900 erbauten Jagdschloss, kann man schön zu Strandspaziergängen aufbrechen und danach im Wintergarten oder im Kaminzimmer des Hotels ausruhen. Wer Ausdauer hat und Vögel beobachten will, läuft bis zum Vogelbeobachtungspunkt Pramort. Ferngläser zur Tierbeobachtung

❻ *Unter Wasser auf dem Darß in der Tauchglocke Zingst*

können im Max Hünten Haus, einem Haus der Fotografie, in der Schulstraße ausgeliehen werden. *www.zingst.de*

HARZIGE KUNSTWERKE

Ribnitz-Damgarten führt den Titel Deutsche **Bernsteinstadt**. Im Kloster der Stadt wird die größte Bernsteinausstellung Europas gezeigt. Dabei geht es auch um Natur- und Kulturgeschichte des baltischen Bernsteins aus der südlichen Ostsee. Bei baltischem Bernstein handelt es sich um die wichtigste der rund 300 Bernsteinarten weltweit. Er macht 90 Prozent der Weltförderung aus, weil es im Gebiet der heutigen Ostsee vor 40 bis 50 Millionen Jahren riesige subtropische Wälder gab.

TIPP
KULINARISCH
Die Dorfschäferei Palmzin, Chausseestraße 5, stellt in ihrer Käsemanufaktur leckeren Ziegenkäse nach alpenländischen Rezepten her. Im Sommer gibt's Schafmilchkefir mit Beeren. www.dorfschaeferei-palmzin.de

Seltene Bernsteineinschlüsse und künstlerische Bernsteinarbeiten sind die besonderen Attraktionen des Museums. In der gläsernen Bernsteinmanufaktur der Ostsee-Schmuck GmbH werden die einzelnen Arbeitsschritte in der Herstellung von Bernsteinschmuck gezeigt. Bernstein lässt sich besonders leicht bohren, drechseln, schleifen und polieren. Deshalb wird er als Schmuck schon seit 6 000 Jahren verwendet.

Bernstein muss nicht immer honiggelb-braun sein. Es gibt auch rote, weiße oder durchsichtige Bernsteine. Tatsächlich ist Bernstein kein Stein und auch kein Mineral, sondern **hart gewordenes Baumharz**. Er brennt auch und riecht dabei nach Harz. Daher kommt der Name: „Bernen“ oder „börnen“ steht im Niederdeutschen für Brennen. Bernstein ist relativ leicht. Wer es selber feststellen will: In konzentrierter Kochsalzlösung schwimmt Bernstein oben, in Süßwasser sinkt er auf den Boden.
www.deutsches-bernsteinmuseum.de

Wer weitab von allen Touristenströmen eine Ruhewanderung sucht, ist südöstlich von Ribnitz-Damgarten im Tribohmer Bachtal richtig. Los geht die sieben Kilometer lange Rundwanderung an der Feldsteinkirche in Tribohm, einer der ältesten Kirchen Pommerns. Am Dorfteich vorbei einfach dem Mühlbachlauf durch den Buchenwald folgen. 17 Tafeln erläutern, wie das Naturschutzgebiet entstanden ist. Nach halber Strecke muss man einen halben Kilometer auf der Kreisstraße 6 nach Norden gehen, um dann wieder auf den Rückweg durchs Recknitztal zu kommen.

EIN SALZIGES AUSFLUGSZIEL

Ohne konservierendes Salz hätte der Fischfang an der Ostsee ein Problem bekommen. Beim Pökeln war das weiße Gold nicht zu ersetzen. Viel davon kam aus den **Solequellen** der Kleinstadt Bad Sülze. Es gibt Urkunden, die belegen, dass die **Saline** schon 1243 genutzt wurde. Auf der Recknitz wurde das Salz auf 20 Meter langen Prahmenbooten flussabwärts Richtung Ribnitz und Dierhagen verschifft.

Salz, einst das weiße Gold

Auf der Strecke von Bad Sülze entlang der Recknitz zum Bodden zwischen Fischland/Darß und Ribnitz-Damgarten kann man an acht Stationen den alten **Salzpfad** wiedererleben, vom Salzmuseum in Bad Sülze bis zum Salzturm von Trinwillershagen. 32 000 Kilogramm Natursalze wurden hier in die Architektur eines achtstöckigen Holzturms integriert. Im Angebot der **Salzmanufaktur MV** sind auch Wellness- und Heilanwendungen. Im **Gradierwerk** fließt salzhaltiges Wasser über Schwarzdornzweige. Mit jedem Aufprall eines Wassertropfens auf den Ästen entsteht ein feiner Solenebel, der die Raumluft mit Salz anreichert. Jod-Brom-Sole-Inhalationen und Lichttherapie zeigen, wie vielfältig Salz eingesetzt werden kann. In Kursen lernt man, Kräuter- und Badesalze selbst herzustellen. Der Hofladen bietet mehr als 220 unterschiedliche Natursalze an und wer mal die Schoko-Rosensalz-Plätzchen oder das Rosmarin-Orangen-Salz probiert hat, merkt, dass Salz weit mehr ist als ein Würzmittel mit vier Buchstaben.
www.salzmanufaktur-mv.de

WISSENS-TIPP

So bleibt Fisch frisch! Fische zu räuchern gehört zu den ältesten Konservierungsmethoden für Lebensmittel. Kleine Räucheröfen lassen sich mittlerweile auch schon im Wohnmobil mitnehmen. Unter den Räucherfischfans gibt es zwei Fraktionen, die heißen und die kalten. Bückling, Aal, Forelle, Stremellachs und Hering werden heiß geräuchert. Kalt werden geräucherter Salzhering, Salzmakrele, Lachs und Räucherlachsforelle konserviert.

Als es noch keine Kühlmöglichkeiten gab, war es nötig, den frisch gefangenen Fisch haltbar zu machen. Neben Trocknen blieb nur die Möglichkeit, den Fisch zunächst in eine Salzlake einzulegen und ihm schließlich im Rauch das Wasser zu entziehen. Besonders lecker bekommen dies viele Familienbetriebe der Halbinsel hin.

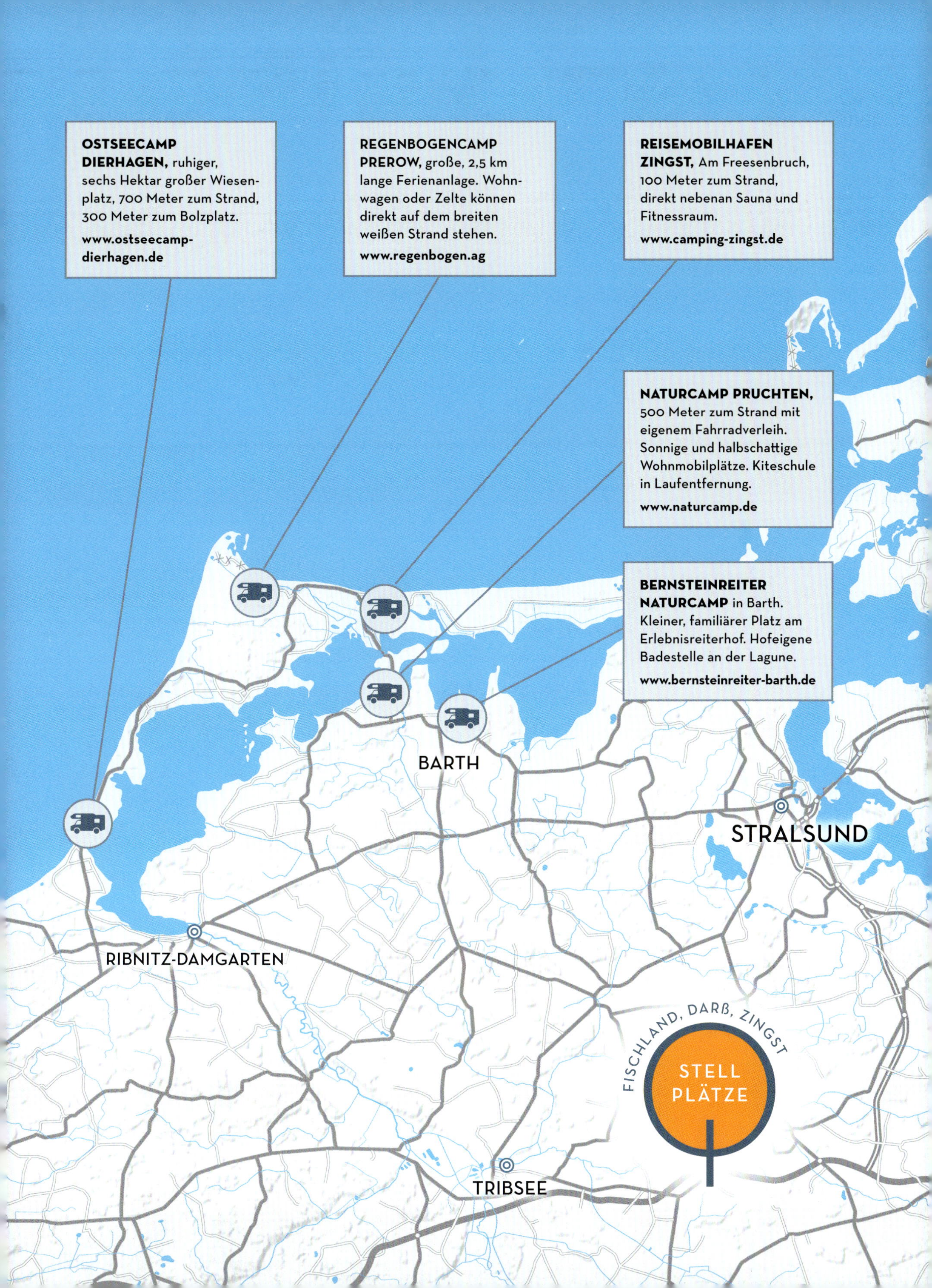
OSTSEECAMP DIERHAGEN, ruhiger, sechs Hektar großer Wiesenplatz, 700 Meter zum Strand, 300 Meter zum Bolzplatz.
www.ostseecamp-dierhagen.de
REGENBOGENCAMP PREROW, große, 2,5 km lange Ferienanlage. Wohnwagen oder Zelte können direkt auf dem breiten weißen Strand stehen.
www.regenbogen.ag
REISEMOBILHAFEN ZINGST, Am Freesenbruch, 100 Meter zum Strand, direkt nebenan Sauna und Fitnessraum.
www.camping-zingst.de
NATURCAMP PRUCHTEN, 500 Meter zum Strand mit eigenem Fahrradverleih. Sonnige und halbschattige Wohnmobilplätze. Kiteschule in Laufentfernung.
www.naturcamp.de
BERNSTEINREITER NATURCAMP in Barth. Kleiner, familiärer Platz am Erlebnisreiterhof. Hofeigene Badestelle an der Lagune.
www.bernsteinreiter-barth.de
BARTH
STRALSUND
RIBNITZ-DAMGARTEN
TRIBSEE
FISCHLAND, DARß, ZINGST
STELL PLÄTZE

Kunsthandwerk an vielen Marktständen

Handgemacht

Die Sommersaison von Mai bis Oktober ist die Zeit der Märkte auf Fischland-Darß-Zingst. An den schönsten Plätzen der Halbinsel wird Frisches, Selbstgemachtes und Kunsthandwerk angeboten.

EINKAUFEN MIT FLAIR 1

Fast jeden Vormittag ist irgendwo auf der Halbinsel Markttag. Montags im Garten des Kulturkatens „Kiek in" in Prerow. Dienstags im Hafen von Dierhagen, mittwochs vor der Darßer Arche in Wieck, donnerstags im Museumshof Zingst, im Zentrum von Ahrenshoop, auf dem Marktplatz von Ribnitz-Damgarten und in der Kurstraße in Graal-Müritz. Freitags im Hafen von Dierhagen und samstags wieder vor der Darßer Arche in Wieck.

Die Ostsee schmecken

Kürbisse in allen Formen

REGIONALES GENIESSEN

Jedes Jahr wird das Angebot der Spezialitäten aus Mecklenburg-Vorpommern erweitert: Biofleisch, Ziegenkäse, Fischspezialitäten finden sich an den Ständen genauso wie Seifen, Tees, Sanddornprodukte, Kräuter, Öle und regionale Honigsorten. Die meisten Produzenten, Kunsthandwerker und Künstler sprechen auch gerne über ihre Arbeit und geben Tipps. Kleine maritime Aquarelle, Holzkunst oder sandgestrahlte Steine mit Motiven der Region sind schöne Souvenirs.

START IN DEN GOLDENEN HERBST 2

Von Mitte September bis Anfang November beschließt der Kürbismarkt in Rövershagen – auf halber Strecke zwischen Rostock und Fischland – die Marktsaison. Seltene Kürbissorten wie Bischofsmützen und Muskatkürbis kann man probieren und kaufen. Am Kaffeestand gibt es sogar „Kürbislatte". Mit gruseligen Schablonen und scharfem Schnitzbesteck werden unter Anleitung aus dem prallen Gemüse Dekorationen für zu Hause.

EXTRA

RÜGEN

RÜGEN

Kreidefelsen und Kulturschätze

Rügen ist Deutschlands beliebteste Ferieninsel. Bei den Übernachtungen pro Einwohner übertrifft sie sogar die spanische Ferieninsel Mallorca. Rügens Kreideküste mit dem 118 Meter hohen Königsstuhl gehört zu den beeindruckendsten Landschaften an der Ostsee.

DER MALER **Caspar David Friedrich** hat 1818 den weiten Blick vom Königsstuhl aufs Meer gemalt. Dieses Bild vom **Kreidefelsen** mit seinen Buchenwäldern haben viele im Kopf, wenn der Name Rügen fällt. Aber auch für weite Sandstrände, die Bäderarchitektur, die Backsteingotik und den „Rasenden Roland" ist die Insel bekannt. Mehr als 300 Kilometer gut ausgebaute und ausgeschilderte Radwege führen über die wenig hügelige Insel.

Rügen, Insel der Alleen

Mit dem Tourismus veränderten die Fischerdörfer an der Ostseeküste nach und nach ihr Aussehen. Häuser wurden um Loggien und Veranden erweitert, um Gästen ruhige und wettergeschützte Plätze zu bieten. Die Dörfer wuchsen um weiße Villen, die mit hölzernen Verkleidungen und Skulpturen auf den Dächern verschönert wurden. Viele erhielten weiße Vorbauten und helle Erker, die Markenzeichen der **Bäderarchitektur**. Bis heute schmückt diese die Badeorte **Binz, Sellin, Baabe und Göhren**. Beliebte Fotomotive sind die **Binzer Villen** in erster Seereihe und in der Putbuser Straße.

Architektonische Besonderheiten sind die drei **Wolgasthäuser**, von denen eins in Binz und zwei in Göhren stehen. Villa Undine, Haus Liliput und Villa Erika sind Holzfertighäuser, die aus Tropenhölzern in einer Wolgaster Werft vorgefertigt wurden. Der Schiffbaumeister Heinrich Kraeft aus Wolgast hatte

1 **Bernsteinmuseum in Sellin S. 86**

2 **Jagdschloss Granitz S. 91**

3 **Dampflok „Rasender Roland“ S. 92**

4 **Ruderfähre Baabe S. 94**

5 **Kreidefelsen Königsstuhl S. 102**

6 **Drei Leuchttürme S. 107**

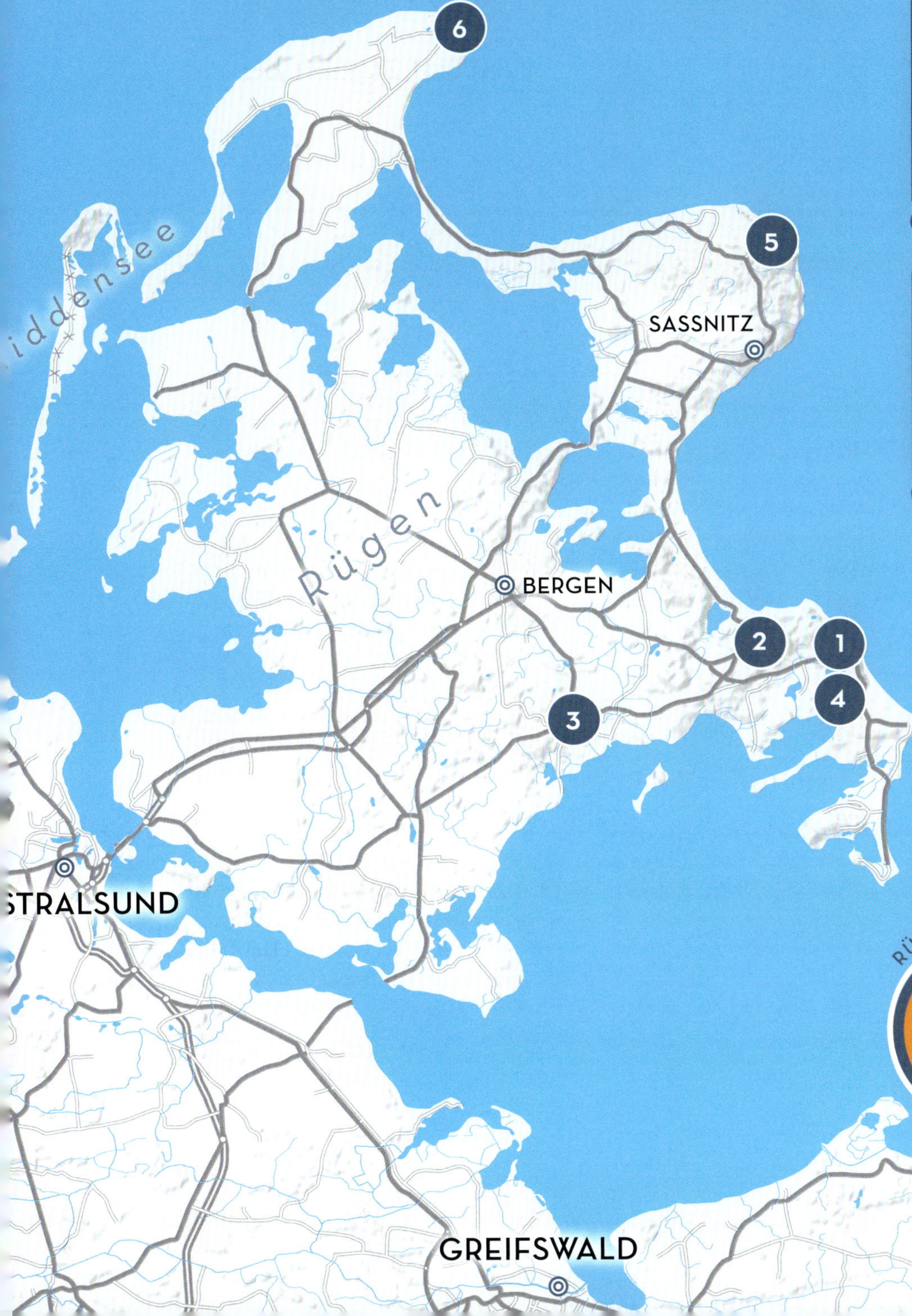

❶ *Bernsteinmuseum Sellin*

Ende des 19. Jahrhunderts die Idee, Fertighäuser zu bauen, die man sogar per Katalog bestellen konnte.

Das **Ostseebad Sellin** hat seine Bäderarchitektur gleich nach der Wende unter Denkmalschutz gestellt und begann früh, besonders viele der historischen Villen zu restaurieren und sie an Touristen zu vermieten. Prunkstück Sellins ist die **Seebrücke**. Die erste Selliner Landungsbrücke wurde 1906 eingeweiht. Sturm und Eis setzten ihr so stark zu, dass nach dem Eiswinter 1941/42 nur noch das Brückenhaus stand. Für 20 Jahre wurde es zu einer beliebten Tanzgaststätte, bis es wegen Baufälligkeit abgerissen werden musste. Seit 1998 ist die neue Seebrücke das Aushängeschild der Stadt. Die 400 Meter lange Holzkonstruktion mit Palmengarten und Kaiserpavillon sieht wie die Vorgängerbrücke um 1927 aus.

Das einzige ❶ **Bernsteinmuseum** der Insel liegt im Zentrum von **Sellin**. Besonders interessant, was alles in dieses goldene Harz eingeschlossen wurde. Auch Gebrauchsgegenstände aus Bernstein und Schmuck werden ausgestellt. Darunter die Krone der Bernsteinkönigin von Göhren, die alle zwei Jahre gekrönt wird.

LEBEN AM STRAND

Um die Wende vom 19. zum 20. Jahrhundert stand Binz für den Wunsch vieler Großstädter: „Zurück zur Natur". Wohlhabende Interessenten aus ganz Deutschland kauften in **Binz** Grundstücke und beauftragten Architekten mit dem Bau von Hotels und Pensionen. Der Ortskern mit dem Charme der Jahrhundertwende ist fast vollkommen erhalten geblieben. Jede Villa ist mit ihren Ornamenten in strahlendem Weiß und den Jugendstilelementen ein Einzelstück. Die **Standpromenade** entstand, Kurhaus, Seebrücke und das Warmbad wurden gebaut.

15 Kilometer ist die Küstenlinie vom **Hafen Mukran** bis zum Naturschutzgebiet Granitz lang. Der geschwungene **Binzer Strand** ist nach den Interessen der Besucher gegliedert. Am Familienstrand gibt es viel Platz zum Toben, Spielen oder Fußballspielen. Hier sind besonders viele Rettungskräfte im Einsatz. Wer will, kann sein Kind mit einem Silikonarmband ausstatten und die eigene Handynummer draufschreiben. Wenn ein Kind im Trubel mal die Orientierung verliert, melden sich die Rettungsschwimmer. Am Textilstrand ist Baden und Sonnen nur mit Bekleidung erlaubt. Der Kulturstrand am Strandabgang 7 wird im Sommer zur Freiluftbühne für junge Liedermacher und Musikpoeten. An mehreren Strandabschnitten sind Hundebereiche eingerichtet.

TIPP
AKTIV
Am Green Beach, dem Umweltstrand, starten die Touren mit Rangern zum Beispiel ins Biosphärenreservat, um über Müllvermeidung und Umweltschutz zu informieren.

Am Standabgang 6 sieht es aus, als sei ein UFO gelandet. Der **Müther-Turm**, der für Trauungen vermietet wird, steht für die Schalenbauten des Architekten Ulrich Müther, eines Wegbereiters der modernen Architektur in der DDR. Wie kaum ein anderer war Müther in der Lage, diese futuristischen Bauwerke auszudenken, zu berechnen, zu konstruieren und dann auch zu bauen. Direkt neben dem

Müther-Turm werden im Sommer Barfußkonzerte angeboten, ohne Musikanlagen oder Verstärker, dafür umso stimmungsvoller.

Am Abgang 67 kurz vor Mukran treffen sich die Surfer. Der Parkplatz ist groß genug, um die Segel zu trocknen und oft gibt es eine „gute Welle“. Durch WLAN-Stationen an den Rettungstürmen funktioniert am ganzen Strand flächendeckend der Internetzugang.

Als Alternative zum Strand bauten die Binzer schon 1926 mit dem **Kurpark** eine Oase der Ruhe. Zwischen alten Bäumen und Rhododendronbüschen kann man entspannt spazieren gehen oder im Kneippbecken den Kreislauf auf Trab bringen. Im ganzen Park verteilt stehen **Skulpturen**, die deutsche Bildhauer zusammen mit Kollegen aus Riga und Stettin erschaffen haben. In der Nähe des Ausgangs Elisenstraße macht im Sommer der KulturKutter Binz fest, eine Freilichtbühne im Grünen.

PROMENADE ALS KULTURBÜHNE

Die **Binzer Promenade**, die nach englischem Vorbild entstand, bot ursprünglich auf gut drei Kilometern Blick auf Ostsee und Strand. Sie wurde schon 1895 gebaut. Seit 2016 verbindet die verlängerte Promenade Binz mit Prora und der Binzer Bucht. In der Hauptsaison von Mai bis September säumen Kunsthandwerker die Promenade zwischen Kurplatz und Jugendherberge. In den weiß-blau gestrichenen Marktständen kann man ihnen bei der Arbeit zusehen und Souvenirs für zu Hause kaufen.

Der aus dem Elsass stammende Fotograf Robert Denier hat auf Rügen seine neue Heimat gefunden. Mit seinen meisterhaften **Fotografien** ist er zum Botschafter Rügens geworden. In der Galerie Inselgeflüster stellt er aus. Hochwertige Keramik, die man auch täglich nutzen kann, in den Farben des Meeres zeigt die Galerie tonicum, und auf Fayencenkeramik hat sich Kathrin Grünke spezialisiert. Von ihr stammt

Futuristischer Müther-Turm

auch das fröhliche Design der Bank, die zur Rast einlädt. Handgefertigtes, Wolle und Mee(h)r von der Insel gibt es bei „Buttjers un Deerns". Blumbergs Glasbläserei in der Schillerstraße pflegt noch das alte Handwerk der Mundbläserei.

Kultur findet an der Binzer Bucht an ungewöhnlichen Orten statt. Seebrücken, Kirchen, Parks, Freiluftbühnen und Kneipen sind Spielorte von klassischer Musik bis Elektro, von Kabarett bis Blues.

FEINE STRANDHALLE

Die **Strandhalle Binz** bietet feine Rügener Küche. Unter Lüstern und Landschaftsbildern in Öl gibt es von der Gräte gerupften Ostseedorsch mit Stampfkartoffeln und Erbsen oder Dorsch mit Kartoffel-Rosmarin-Kruste auf Spitzkohl. Das Restaurant war landesweit das erste, das für seine feine Ostseeküche mit dem Gütesiegel „So schmeckt Mecklenburg-Vorpommern" ausgezeichnet wurde. Bei der Verdauung hinterher hilft ein fruchtiger Sanddorngrappa.
www.strandhalle-binz.de

KULINARIUM MIT FLASCHENKOST

Eine Klasse für sich ist das Binzer Restaurant freustil in der Zeppelinstraße 8. Die Köche nennen das Restaurant ein Kulinarium und um den Michelin-Stern wird nicht viel hergemacht. Als kleine Vorspeise gibt es zum Beispiel „Flaschenkost" aus Hafersand, Algensalat und Selleriesud. Serviert wird in einer der Länge nach halbierten Weinflasche auf einem Bett aus Maisgranulat-Seesand, Muscheln, Seesternen und Meerestieren. Heuasche und laktosefreie Sahne sind kunstvoll in der Flasche drapiert. Tipp: Nebenan in der kleinen Schwester des freustils, der canteen, gibt es ein Dreigängemenü für kleines Geld.
www.freustil.de

Fünf Kilometer Strand, Strand und Strand vor Binz

RÜGENER FISCH(ER)TAGE

Nach dem Frühjahrszug der Heringe von der westlichen Ostsee zu ihren Laichplätzen zwischen Hiddensee und dem Jasmunder Bodden stehen die silbern schimmernden Fische Anfang Mai ganz oben auf vielen Speisekarten auf Rügen. Es gibt sie gebraten oder geräuchert, als Bückling, Filet oder in der Suppe. Lecker ist auch der zarte Hornfisch. Die großen Hornhechtschwärme ziehen – gleichzeitig mit der Rapsblüte – von der Ostsee in die Bodden, um sich an der Heringsbrut satt zu fressen. Die saisonale Spezialität ist gut an ihren grünlichen Gräten zu erkennen.

NATURSCHUTZGEBIET MIT STEILKÜSTE

Vor 10 000 Jahren waren Skandinavien und große Teile Norddeutschlands von **Gletschern** bedeckt, die immer in Bewegung waren. Sie transportierten gewaltige Mengen an Gestein und Geröll. Wo diese aufgeschoben wurden, ragten sie später wie die heutigen Halbinseln Mönchgut, Jasmund, Wittow und die Granitz aus der See heraus. Die Steilufer und Kreidekliffs in der Binzer Bucht, in Sellin und Göhren entstanden durch Wind und Wellen, die ständig Erde abtrugen und an anderer Stelle anlagerten.

Die **Granitz** bietet schöne Naturerlebnisse und ist nicht nur ein 1 000 Hektar großes Naturschutzgebiet, sondern auch noch ein Biosphärenreservat. Den Hochuferwald der Granitz durchziehen schöne Wanderwege. Der 6,3 Kilometer lange Hochuferwanderweg führt vom Fischerstrand in Binz durch die Granitz ins benachbarte **Ostseebad Sellin**. In zwei Stunden sind Hin- und Rückweg gut zu schaffen und man hat noch ausreichend Zeit, den Ausblick auf Bucht und Ostsee zu genießen.

GENUSS-TIPP

Binz für Genießer Seeluft macht hungrig. Die Binzer Gastronomie hat sich auf jeden Geschmack eingestellt. Von der urigen Fischräucherei Kuse an der Strandpromenade 3a bis zur Genusswerkstatt von Robert Schindler an der Strandpromenade 62. Bei Jürgen Kuse, dem letzten Strandfischer von Binz, kommt auf den Tisch, was frühmorgens in der Ostsee gefangen wurde. In der Genusswerkstatt gibt es zum Drei-, Vier- oder Fünfgängemenü den fantastischen Ostsee-Panoramablick gratis dazu.

www.fischraeucherei-kuse.de
www.genusswerkstatt-binz.de

Biosphärenreservat Granitz

Das Granitzhaus ist das offizielle Ausstellungs- und Informationszentrum des UNESCO-**Biosphärenreservats Südost-Rügen**. Ziel ist es, in dieser Region ein harmonisches Verhältnis zwischen dem wirtschaftenden Menschen und dem Schutz der natürlichen Ressourcen modellhaft zu entwickeln. Ausgewählt wurde die Gegend, weil sich hier auf kleinstem Raum alle Landschafts- und Küstenformen des mecklenburg-vorpommerschen Küstenraumes finden. Land und Meer sind tief ineinander verzahnt, Halbinseln und Küstenvorsprünge werden durch schmale Landstreifen miteinander verbunden oder durch Bodden voneinander getrennt. In der Gegend sind viele Bodendenkmäler zu entdecken. Der Eintritt zur interaktiven Ausstellung ist kostenfrei. Vom Parkplatz an der Landesstraße zwischen Serams und Binz sind es zu Fuß zwei Kilometer zum Granitzhaus.
www.biosphaerenreservat-suedostruegen.de

Wer in der Granitz auf dem Rügenrundweg wandert oder auf der EuroVelo-Route 10 unterwegs ist, stößt an einer Wegkreuzung vielleicht auf eine unscheinbare Gusseisenplatte. Diese verrät, dass hier seit 1806 „ein finnischer Krieger“ begraben liegt. Eine große Infotafel neben dem Rastplatz erzählt die Geschichte dieses Soldaten, der in den Napoleonischen Kriegen auf Rügen im Kampfeinsatz war und hier an einer Krankheit starb.

EIN STÜCK ITALIEN AUF RÜGEN

Das ❷ **Jagdschloss Granitz**, das mitten in einem mächtigen Buchenwald liegt, ist das Wahrzeichen der Halbinsel. **Fürst Wilhelm Malte I. zu Putbus** ließ es im Stil der norditalienischen Renaissance bauen. Der markante Mittelturm des Schlosses bietet nach 154 Stufen einen der schönsten Ausblicke über

❷ *Jagdschloss Granitz auf dem Tempelberg*

Rügen. Im Schlosskeller kann man in einem urigen Wirtshaus essen. Das Museum des Jagdschlosses zeigt, wie luxuriös das Leben für die Adligen im 18. Jahrhundert war. Die Räume sind zum Teil original möbliert. Der Marmorsaal wird regelmäßig für Konzerte genutzt.

DER RASENDE ROLAND

Ein Erlebnis ist die Fahrt mit der Schmalspurbahn ❸ **Rasender Roland.** Von einer Dampflok gezogen, tuckert die Bahn mit einer Höchstgeschwindigkeit von 30 Stundenkilometern von Göhren über Baabe, Sellin, Granitz und Binz nach Putbus – und in der Sommersaison auch noch 2,5 Kilometer weiter bis Lauterbach Mole. Für die gut 24 Kilometer lange Strecke von Putbus nach Göhren braucht der „Rasende Roland" eine gute Stunde. Bis 1971 war das Streckennetz der Rügen'schen Kleinbahn noch mehr als 100 Kilometer lang. Heute wird nur noch die **Bäderlinie** ganzjährig befahren. Unterwegs kann man an den Haltepunkten – wie am Jagdschloss – immer wieder ein- und aussteigen. Auch Fahrräder transportiert die Bahn. Wer einmal auf dem Führerstand der Dampflok mitfahren will, muss sich dafür rechtzeitig anmelden.

DIE HALBINSEL DER MÖNCHE

Ganz im Südosten Rügens liegt die **Halbinsel Mönchgut** – auf knapp 30 Quadratkilometern eine perfekte Urlaubswelt. Breite Sandstrände wechseln sich mit schroffen Steilküsten und Fischerdörfern ab. Gute Fahrrad- und Wanderwege führen an jahrhundertealten Kirchen und beeindruckenden Findlingen vorbei. Neben vielen ehemaligen Fischerdörfern wie Alt Reddevitz, Gager, Klein Zicker und Middelhagen liegen auf der Halbinsel auch drei Seebäder: Baabe, Göhren und Thiessow.

Baabes Ostseestrand ist nicht nur 1,5 Kilometer lang, sondern durchschnittlich auch 50 Meter breit – so kommen sich Sandburgenbauer und Surfer nicht in die Quere. Ein moderner Wasserwanderrastplatz bietet auf der Boddenseite 25 Sportboot-Liegeplätze.

TIPP
GENIESSEN

Rügen-Rum und Insel-Whisky stellt die Störtebeker Brennerei in Alt Reddevitz her und verkauft ihre Produkte in einem urigen Hofladen. https://stoertebeker-whisky.com

Durch die Baaber Heide führen Wanderwege durch Salzwiesen oder direkt an der Ostseeküste entlang. Am Baaber Naturhafen liegt ein zum **Hafenimbiss** umgebauter Fischkutter mit Reetdach. Radfahrer, Wanderer, Segler und Schiffsausflügler machen bei „Lütt Matten" halt für Pfefferhering im Brötchen, Bärlauch-Matjes auf Kürbisbrot oder Lachs-Puffer. Alles wird frisch zubereitet, Wegwerfgeschirr gibt es an dem Imbiss nicht. Weil möglichst viel regional eingekauft wird, ist der Imbiss mit dem Qualitätssiegel „Regionale Esskultur" ausgezeichnet.

3 *Der Rasende Roland lässt sich Zeit*

❹ *Ruderfähre mit Muskelkraft*

Brot und Brötchen kommen von einem guten alten Handwerksbäcker aus Sellin, der Fisch aus Sassnitz, Säfte und Fassbier aus Stralsund.

Mit dem Ticket „Wasser und Dampf" schippert man von Baabe aus zunächst über das Boddengewässer Richtung Lauterbach/Putbus und kann dann in den „Rasenden Roland" umsteigen. Fahrräder für die Rückfahrt können mitgenommen werden.
www.baabe.de

Auf der Radtour Südost-Rügen hilft eine ❹ **mit Muskelkraft betriebene Ruderfähre** zwischen dem Baaber Bollwerk und Moritzdorf die 50 Meter breite Baaber Bek, einen natürlichen Kanal, zu überqueren. Die Fahrt über den Kanal ist die vermutlich kürzeste Fährverbindung Deutschlands. Vom Hafen des Baaber Bollwerks fahren Ausflugsschiffe in den Greifswalder Bodden, nach Lauterbach und um die Insel Vilm.

Göhren mit seiner typischen Bäderarchitektur und der **neuen Seebrücke** kann mit zwei Stränden punkten. Göhrens Nordstrand wird von der breiten Bernsteinpromenade gesäumt. Cafés, Restaurants und Spielplätze lassen bei gutem Wetter südliches Lebensgefühl aufkommen. Seit Göhren Austragungsort der Internationalen Gartenausstellung war, laden **prachtvolle Themengärten** vor der Kulisse der Ostsee zum Ausruhen ein. Im ruhigen Villenviertel von Göhren hat sich eine kleine Manufaktur auf ausgefallene Gewürze, Salze und Essenzen spezialisiert, vom Spargelsalz bis zur Wildrosenblüten-Essenz.
www.villa-mit-sonnenhof.de

Middelhagen mit seinem **Schulmuseum** bildet den Mittelpunkt des Mönchguts. In dem Fachwerkhaus wurde bis 1962 im „Einklassenzimmer-System" unterrichtet. Zeitweise lernten hier 60 Schüler der

Klassen 1 bis 8 Lesen und Rechnen. In der Hauptsaison werden dienstags und mittwochs historische Schulstunden angeboten. Genaue Zeiten sind im Internet zu finden.

Groß Zicker steht komplett unter Denkmalschutz. Besonders sehenswert: das **Pfarrwitwenhaus** von 1723. Früher war dieses rügentypische reetgedeckte Zuckerhuthaus ein Wohnhaus für arme Pfarrwitwen. Von den üppigen Malven, die im Garten blühen, werden Samentütchen für den heimischen Garten verkauft.

Wer in Rügens Alpen, die **Zickerschen Berge,** will, muss die Kopfsteinpflasterstraße aus dem Ort hinaus nehmen. Bis auf 66 Meter steigen diese „Berge" an. Ein Stück weiter, im Zickerschen Höft, fällt die Kliffküste steil ab. Wer mittags oder abends Hunger

TIPP
KULINARISCH

Der Ortsteil Groß Zicker Ausbau wird auch Rollmopshausen genannt, weil sich dort zu DDR-Zeiten eine Fischfabrik befand. Am Hafen von Groß Zicker kann man heute noch gut essen. www.moenchgut.m-vp.de

Göhrens renovierte Seebrücke

Auf Mönchgut wird Rügen hügelig

bekommt, sollte Gager ansteuern. Die Restaurants am Hafen verarbeiten fangfrischen Fisch.
Auf halber Strecke zwischen Baabe, dem Tor nach Mönchgut, und Thiessow, dem südlichsten Badeort der Halbinsel, liegt **Lobbe** mit seinem Windschöpfwerk. Der Ort bietet Touristen im Biosphärenreservat Südost-Rügen unverfälschte Natur. Nördlich von Lobbe gewährt das fast 20 Meter hohe **Kliff am Lobber Ort** weiten Blick bis zum Nordperd, einer bewaldeten Landzunge, bei Göhren oder zum Südperd bei Thiessow. Durch lange Molen sind beide Landnasen vor allzu heftigen Wellen geschützt.

Ein langer, feinsandiger Strand zieht sich südlich von Lobbe bis hinunter nach Thiessow im Biosphärenreservat.

In **Thiessow** spürt man das Inselgefühl zwischen Ostsee und Greifswalder Bodden am deutlichsten. Gleich hinter Thiessow auf dem Deich verläuft der Radweg, der den Ort mit dem Rest Mönchguts und den großen Ostseebädern im Norden verbindet. Durch seine Lage auf der Landzunge ist Thiessow Ziel vieler Wassersportler. Zwischen Mai und Oktober findet am Hafen jeweils dienstags und donnerstags der Rügen-Markt statt, auf dem 100 kleine Manufakturen und Kunsthandwerker ihre Produkte verkaufen.

Direkt in **Thiessow** beginnt ein sieben Kilometer langer **Naturlehrpfad** mit zehn Erlebnisstationen. Beim Wandern erfährt man so viel über die einzigartigen Lebensräume und die von

Lotsen und Fischern geprägte Geschichte des Ortes. Wichtig ist dabei, immer auf den Wegen zu bleiben, damit Dünen und Pflanzendecke keinen Schaden nehmen. In der Saison werden auch viele geführte Wanderungen angeboten, von der Kräuterexkursion bis zur Großsteingräberführung. Auch die Rangerwanderungen durch das Biosphärenreservat widmen sich jeweils einem Schwerpunktthema.
www.biosphaerenreservat-suedostruegen.de

An heißen Sommertagen bietet der Kiefernwaldstreifen, der sich am **Großen Strand** entlangzieht, Schatten. Die Gegend um den Lobber See wurde schon ab 1900 durch ein Windkraft-Schöpfwerk entwässert – ein technisch zukunftsweisendes Projekt.

Rondellplatz Circus in Putbus

FÜRSTENRESIDENZ MIT SEEBAD

Neben vielen Surfstränden im Süden Rügens ist **Putbus** mit seiner **historischen Altstadt** ein Hauptanziehungspunkt. Fürst Wilhelm Malte I. zu Putbus ließ seinen Familiensitz 1810 zu seiner Residenzstadt ausbauen inklusive Schloss, Circus und Badehaus. Der Fürst begründete damit die Badekultur auf der Insel. Schon kurz nach Fertigstellung des **Badehauses** im Ortsteil **Lauterbach** kamen bis zu 400 Badegäste im Jahr nach Rügen. Als später auch das Baden im Meer populärer wurde, entstanden die großen Seebäder. Heute kommen viele wegen des Meerblick-Restaurants Kormoran nach Lauterbach. Für das Küchenteam ist die einzigartige Lage mitten im Biosphärenreservat Verpflichtung. Auf die wechselnde Tageskarte kommt viel von umliegenden Feldern und Gewässern.

In der großen **Orangerie** finden das ganze Jahr über Ausstellungen, Konzerte und Lesungen statt. Schmuckstück ist das Ensemble klassizistischer Wohn- und Geschäftshäuser rund um den Circus. Ein Schloss gibt es in Putbus nicht mehr, es wurde 1962 gesprengt und abgetragen. Mittlerweile wird diskutiert, ob das Schloss nicht für mehr als 60 Millionen Euro wiederaufgebaut werden sollte. Auch ein Förderverein hat sich dafür gegründet. Der schöne Schlosspark mit seinen Mammutbäumen und Ginkgos und der **Seeterrasse** des einstigen Herrschaftssitzes existiert noch. Leckeren Kuchen in fürstlichem Ambiente gibt's im Rosencafé & Konditorei Putbus in der Bahnhofstraße 1. Otto Graf von Bismarck soll im historischen Café den Entwurf für die Verfassung des norddeutschen Bundes, die sogenannten Putbusser Diktate, geschrieben haben.

Das **Theater Putbus** ist ein gutes Beispiel für den norddeutschen Klassizismus. 1820 nur als Sommertheater erbaut, wird es heute ganzjährig bespielt. Auch die Festspiele Mecklenburg-Vorpommern bieten in dem originalgetreu restaurierten Theaterraum Konzerte an. Wenn nicht gerade Proben stattfinden, kann das Theater an Wochentagen auch geführt besichtigt werden.
www.theater-vorpommern.de

TIPP
PRAKTISCH

Im Laden Kleine Freude in Putbus kommen handgezeichnete Fischmotive auf Karten und Becher: Barsch oder Hecht auf Emaille oder Keramik.
www.etsy.com/de/shop/SteffisKleineFreude

Ständig tickt es im **Uhren- und Musikgerätemuseum** in Putbus. Mehr als 1 000 Ausstellungsstücke hat der Stuttgarter Franz Sklorz hier zu Lebzeiten zusammengetragen. Direkt am Schwanenteich in Putbus zeigt eine Ausstellung **historisches Spielzeug**. Bei manchen Ausstellungsstücken muss man schon mal fragen, wozu sie dienten. Wer hätte hier mit einer Spielzeug-Guillotine gerechnet?

Die **Bodenreform** von 1944 traf mit der Familie zu Putbus einen der größten Grundbesitzer Pommerns. 18 360 Hektar Ackerland und Wald wurden enteignet und verteilt. Die Familie durfte nach Anweisung der Landesbodenkommission nur persönliche Sachen mitnehmen und musste mindestens 20 Kilometer Abstand zum eigenen Grundbesitz halten. Anfang der 1950er-Jahre setzten sich die landwirtschaftlichen Produktionsgenossenschaften auch auf Rügen durch. In Putbus entstand die LPG Tierproduktion und in Lauterbach die LPG Pflanzenproduktion.

Weil es eine gute Idee ist, wetterfeste **Outdoor-Kleidung** im Urlaub auf Rügen dabeizuhaben, kam ein Rügener auf die Idee, diese Hightech-Kleidung auf der Insel auch herzustellen. Der Nordwolle-Schauladen ist von Mai bis Oktober in der Putbuser Alleestraße 7 geöffnet. Die Fasern für die wasserabweisenden Textilien kommen vom grauwolligen **Pommerschen Landschaf**, das fast ausgestorben wäre. Lange Zeit gab es für die Wolle keine Abnehmer und häufig wurde sie als Dünger auf den Feldern entsorgt. Was die Schafe warm und trocken hält, sollte auch Menschen gut gegen widriges Schietwetter schützen, dachte der junge Rügener Tüftler Marco Scheel. Schließlich wurden schon früher Segeltuch und Fischerjoppen aus der dunklen Wolle gemacht. Er kombinierte erfolgreich einen uralten Rohstoff mit hoch entwickelten Fertigungsverfahren, um die Faser beim Verarbeiten elastisch zu erhalten. Die Win-win-Situation: Hoodies, Stepp- und Regenjacken nehmen den Schauern ihren Schrecken und uralte Landschafrassen haben wieder eine Zukunft. Mode leistet so ihren Beitrag zur Landschaftspflege und zur Artenvielfalt.

DAS CAPRI DES NORDENS

Die kleine **Insel Vilm**, die zweieinhalb Kilometer südlich vor Rügen im Rügenschen Bodden liegt, ist kaum 95 Hektar groß. Wegen ihrer Rolle in der DDR ranken sich viele Mythen um diese einst **verbotene Insel**, die auf offiziellen Landkarten gar nicht

TIPP
SEHENSWERT
Putbus ist offiziell eine Rosenstadt. Fürst Malte I. zu Putbus, der hier residierte, verfügte, dass vor jedem Haus in der weißen Stadt eine Rose zu pflanzen sei. Heute ist ein Rosendoktor, der auch gerne Tipps rund um Rosen gibt, für die Pflege der Stöcke verantwortlich.

Klassizistisches Theater in Putbus

auftauchen durfte. Weil hier die Bonzen des Ministerrats abgeschirmt von ihrem Volk urlaubten, gab es Gerüchte um Luxusvillen und Hubschrauberlandeplätze. Tatsächlich stehen auf der Insel zwei Reihen schlichter Bungalows, gelb gestrichen, mit Rohr gedeckt. 50 Angestellte umsorgten hier die Minister, die sich im Sommer auf Tennisplatz, Kegelbahn und in der Sauna vergnügten. Walter Ulbricht soll regelmäßig Offiziere aus Prora herbefohlen haben, um mit ihnen Volleyball zu spielen. Erich Honecker soll nach zwei Urlauben genug gehabt haben: Er war im Sommer lieber im luxuriösen Erholungsheim Baabe, dem jetzigen Cliff Hotel, mit seinem Privatstrand.

Die Natur hat davon profitiert, dass die kleine Insel jahrzehntelang abgeschirmt war. 300 oftmals seltene Farn- und Blütenpflanzen wachsen hier. Der **Urwald**, der hier entstanden ist, liegt in der Kernzone des Biosphärenreservats Südost-Rügen. Es ist schon fast 500 Jahre her, dass hier zum letzten Mal aus wirtschaftlichen Gründen Bäume gefällt wurden.

Nur geführt darf man die Insel von März bis Oktober vom **Hafen Lauterbach** aus für eine zweistündige Wanderung besuchen, denn der Mittelvilm und der Kleine Vilm sind als Vogelbrutstätten geschützt. Die Zahl der Besucher ist auf 60 am Tag beschränkt, übergesetzt wird in einer halben Stunde mit dem Motorschiff „Julchen" der Fahrgastreederei Lenz. Vom Meer aus sieht man die Steilküste Vilms, die bis zu 30 Meter hoch ist, am besten.
www.vilmexkursion.de

Vor 3 000 Jahren soll ein Sturmhochwasser die 2,5 Kilometer lange Insel von Rügen abgetrennt haben. Den Slawen war die Insel heilig, sie nannten sie Ilumu, Ulmenhain. Im Mittelalter lebten Mönche hier und eine Wallfahrtskapelle zog Pilger an.

EINE INSEL AUF DER INSEL

Zum **Gut Üselitz** im Süden Rügens kommt man tatsächlich nur über eine Landbrücke. Es liegt auf einer Insel auf der Insel. Das denkmalgeschützte **Renaissance-Herrenhaus** mit seinen sieben Appartements befindet sich am Ende einer Kastanienallee. Das Wasser, das die Insel umgibt, heißt Üselitzer Wiek. Zu verdanken hat das Gut seine Insellage dem Bau der neuen Rügenbrücke. Die Wiek war ursprünglich beim Deichbau trockengelegt worden, musste 2011 aber als Ausgleich für Naturflächen, die beim Bau der Brücke verloren gingen, wieder vernässt werden. Auch das Herrenhaus von 1553 wäre fast verschwunden. Jahrelang wurde die Ruine als Steinbruch geplündert, bis ein Frankfurter Architekt sich des Baus annahm und ihn bis 2017 renovierte und wiederaufbaute. Altes wurde bewahrt und mit Neuem ergänzt.

Heute passen altes Backsteinportal und der Treppenturm aus Sichtbeton hervorragend zusammen.
www.ueselitz.de

Zwischen Rambin und Samtens liegt in **Rothenkirchen** der Rügener Landhandel. Hier decken sich nicht nur Landwirte mit Futtermitteln ein. Vor Ort werden in einem Genusslädchen ausgezeichnetes Rügener Rapsöl und Rügener Rapshonig verkauft.
www.ruegener-rapsoel.de

DER INSEL-NORDEN – URLAUB IM PROPAGANDA-BAU

Der einst graubraune Wohnriegel mit Blick auf die **Prorer Wiek** hat heute seinen Schrecken verloren. Der Urlaubskoloss der Nazizeit strahlt nach zahlreichen Renovierungen und Umbauten Komfort und Gastfreundlichkeit aus. Gebaut wurde dieses „Kraft durch Freude"-Bad im Kasernenstil, um 20 000 Arbeiter für das Dritte Reich fit zu machen. Mit einem eigenen Seebad sollten sie bei Laune gehalten werden. Geplant waren acht Wohnblöcke von bis zu 500 Metern Länge, ein Hafen, ein Kino und diverse Veranstaltungssäle. Fertig wurde die gigantische Anlage nie. Zu DDR-Zeiten kamen in **Prora** Flüchtlinge aus dem Osten unter, Volkspolizisten und Gäste aus den „sozialistischen Bruderländern" wurden hier ausgebildet. Auch die Bausoldaten, die dem Staat nicht mit der Waffe dienen wollten, waren hier stationiert und mussten oft menschenverachtenden Arbeitsdienst leisten.

Vom Haus des Gastes in Binz starten regelmäßig **zeitgeschichtliche Wanderungen** zum

Prora – unvollendetes KdF-Seebad Rügen

ehemals geplanten KdF-Seebad Rügen. Auf der sechs Kilometer langen Wanderung gibt es viel zum unvollendet gebliebenen KdF-Seebad und dessen Verwandlung zum Erholungsort Prora mit seinem Dokumentationszentrum in Block 3 zu erfahren.

Auto- und Eisenbahnfans kennen das **Oldtimer Museum** Prora. Auf 10 000 Quadratmetern wird ein Teil der Geschichte der Mobilität in Deutschland erzählt, von kutschenähnlichen Fahrzeugen von 1949 bis zu den Staatskarossen der DDR.

Oldtimer Museum Rügen

EIN WALD VOLLER BUCHEN

Deutschlands kleinster Nationalpark im Nordosten der Insel Rügen beheimatet mit 650 000 Bäumen den größten zusammenhängenden Buchenwald des Ostseeraums. Noch vor 4 000 Jahren wäre das keine Besonderheit gewesen: Buchenwälder bedeckten riesige Flächen Europas. Doch durch einen beispiellosen Raubbau, vor allem in den vergangenen 200 Jahren, wurden die alten Buchenwälder auf 0,02 Prozent ihrer einstigen Ausbreitungsfläche zurückgedrängt. So intakte Buchenwälder wie auf Rügen sind nur noch in wenigen Gegenden Europas zu finden. Buchenwälder absorbieren mit ihren fast lückenlosen Kronendächern fast sämtliches zur Verfügung stehende Licht. In ihrem Schatten können daher nur angepasste Tiere, Pflanzen und Pilze überleben. Und trotzdem sind diese Wälder für viele Arten, die sich an das Schattenreich angepasst haben, bevorzugter Lebensraum. Buchen mögen die reichen Kalkböden und die mageren Sandflächen Rügens. Der **Jasmunder Buchenwald** ist ein gutes Beispiel dafür, wie sich Natur und Landschaft ohne wirtschaftliche Nutzung entwickeln. In dem von außen fast unbeeinflussten Ökosystem regeneriert sich der Wald selber und Natur darf wirklich Natur bleiben.

Auch an anderen Orten der Insel setzen sich viele Naturfreunde für Bäume ein. Unter dem Label **Junge Riesen** gibt es Initiativen, die genetischen Ressourcen besonders alter und widerstandsfähiger Bäume zu retten. Samen von registrierten Baumdenkmalen werden gesammelt und in der Baumschule Putbus aufgezogen. Ziel ist es, neben jedem der 180 alten Riesen einen jungen Riesen zu pflanzen. Gemeinsam stehen sie dann unter Schutz. Eiben vom Naturdenkmal in Swantow, Platanen aus Schaprode und Windflüchterkiefern aus Semper werden so gerettet.

Im Nationalpark Jasmund laufen Projekte, um das **Moor** wieder zu vernässen. Alte Entwässerungsgräben werden geschlossen, damit das Wasser in den Mooren bleibt. Ziel ist es, die Kohlenstoffspeicherfähigkeit der Moore wieder besser zu nutzen. Moore speichern weltweit doppelt so viel Kohlenstoff wie Wälder, nehmen aber nur ein Sechstel der Fläche ein. Eine Fläche von 100 mal 100 Metern kann bis zu 30 Tonnen Kohlendioxid binden, so viel wie ein kleines Auto bei sechs Erdumrundungen ausstoßen würde. Was bis zu 60 Freiwillige hier rückgängig machen wollen, wurde bis in die 1980er-Jahre angerichtet. Bis dahin wurden mit schwerer Technik möglichst viele Flächen entwässert, um Tierfutter anbauen zu können.

SEHNSUCHTSORT DER ROMANTIKER

Highlight des Nationalparks mit seinen fast senkrecht abfallenden **Kreidefelsen** ist der ❺ **Königsstuhl**. Von der bizarren Schönheit der Kreideküste ließen sich Dichter und Denker, Maler und Musiker inspirieren. Besonders die Romantiker im frühen 19. Jahrhundert waren von der wilden Natur an Rügens Kreidefelsen überwältigt. Für **Caspar David Friedrich**, der schon als Jugendlicher immer wieder nach Rügen kam, war die Kunst die Mittlerin zwischen der Natur und den Menschen. Mit seinen Gemälden hat er den Mythos der Insel Rügen begründet, der schon zu seinen Lebzeichen die Intellektuellen in seinen Bann zog. Über viele Jahre gab es unterhalb des Königsstuhls sogar einen Bootsanleger. Wie viele andere Seebrücken wurde er in dem besonders kalten Winter 1942 durch Eis zerstört.

Heute kommen Hunderttausende Besucher jedes Jahr hierher, um den Blick auf die Ostsee, die Kreidefelsen und das faszinierende Naturschauspiel zu genießen. Den besten Blick auf den Königsstuhl selbst gibt es von der etwas südlicher gelegenen **Victoria-Sicht**. Der Name Königsstuhl soll – nach einer möglichen Erklärung – auf ein ermüdendes Seegefecht von 1715 zurückgehen. Den schwedischen König Karl XII. soll die Schlacht gegen die Dänen so ermüdet haben, dass er sich einen Stuhl bringen ließ.

Durch seine Lage war der Königsstuhl nicht nur für Ausflügler interessant. Auch das Militär nutzte ihn als Beobachtungsposten auf die Ostsee. Als die

Ruhepunkte im Nationalpark Jasmund

GENUSS-TIPP

Das alte Sägewerk in Rambin wurde zum Bauernmarkt mit Hofcafé umgebaut und heißt jetzt Alte Pommernkate. Der stilvolle Markt bietet die größte Auswahl regionaler Lebensmittel in Vorpommern. Gut 40 Erzeuger aus der Region verkaufen hier ihre Produkte, darunter auch Dips und Gewürze, Öl und Essig sowie eine Vielfalt an Rügener Wurst- und Käsespezialitäten. Integriert ist auch eine Nudelmanufaktur, in der die 60 handgemachten Teigwaren mit Gewürzen, Kräutern, Säften und Gemüse verfeinert werden. Bernsteinnudeln und „Bunte Fische" bringen Urlaubsgefühl auf den Teller. Immer der Nase nach findet man schnell auch die hauseigene Fischräucherei. Mit Meersalz und Kräutern werden Flunder, Buttermakrele oder Saibling schonend gewürzt. Lachsbrötchen mit selbst gemachter Honig-Senf-Soße können direkt vor Ort probiert werden.

www.altepommernkate.de

HIGH LIGHT

5 Rügens Wahrzeichen: die Kreidefelsen

Franzosen während der Napoleonischen Kriege die Insel zwei Mal besetzten, rodeten sie sämtliche Bäume auf dem Felsen und bauten eine Küstenwache.

Die **Rügener Kreide** ist ein sehr reiner, feinkörniger weißer Kalkstein. Vor allem Regen und Wellen setzten diesem porösen Kalkstein zu. Regelmäßig kommt es deshalb zu Abbrüchen am Kliff. Die von Caspar David Friedrich gemalte Kreideformation **Wissower Klinken** gibt es seit Februar 2005 nicht mehr. Damals rutschten die beiden fast 20 Meter hohen Hauptzinnen ins Meer. Gefrorener Regen hatte nach dem Einsetzen von Tauwetter die Felsmassen abgesprengt. Friedrichs Bild, das die Felsformation zeigt, entstand 1818 und gilt als **Hauptwerk der deutschen Romantik**. Weil Caspar David Friedrich es nach seiner Hochzeitsreise nach Rügen malte, heißt das Gemälde unter Kunsthistorikern auch das Hochzeitsbild.

Die Geschichte der Rügener Kreide und deren Verwendung macht das **Kreidemuseum** in Gummanz anschaulich. Wegen der vielen multimedialen Angebote sollte man mindestens eine Stunde für den Besuch einplanen.

NATURERLEBNIS AM KÖNIGSSTUHL

Der gesamte **Nationalpark** ist Wandergebiet. Parken kann man deshalb nur in den angrenzenden Orten an den Eingängen des Schutzgebietes. Von dort fahren regelmäßig Busse zum Königsstuhl. Vom Bahnhof Sassnitz fährt die Buslinie 23 direkt zum Nationalparkzentrum. Von Lohme aus kann man auf dem Hochuferwanderweg die vier Kilometer bis zum Königsstuhl gut laufen, die drei Kilometer vom Großparkplatz Hagen schafft man in einer Dreiviertelstunde.

Radfahren ist im Nationalpark streng begrenzt. Von Sassnitz führt ein geschotterter zwölf Kilometer langer Radweg über den Parkplatz Hagen bis zum Königsstuhl.

Eine schöne Wanderung führt von Sassnitz über zehn Kilometer den **Hochuferweg** entlang bis zum Nationalpark-Zentrum Königsstuhl. Die Ausstellung, die über Flora und Fauna des Nationalparks sowie den Kreidefelsen informiert, befindet sich direkt am berühmten Kreidefelsen Königsstuhl. Auf vier Etagen begibt man sich auf eine Zeitreise durch verschiedene Wissens- und Themenkomplexe. Ein echter Eisberg auf Rügen? Oder ein mächtiges Gewitter auf der Leinwand? Weil das Museum konzeptionell auf dem neuesten Stand ist, ist es oft auch sehr voll – aber das Anstehen lohnt sich.

Vom Nationalpark-Zentrum aus starten täglich mehrere Kurzführungen durch Teile des Nationalparks. Angeboten werden auch spezielle archäologische Führungen zum Burgwall, zu den **Hünengräbern** und zu **Opfersteinen**. Bei Wanderungen auf dem Uferweg unterhalb der Kreideküste ist Vorsicht geboten, weil es immer wieder zu Uferabbrüchen und Ausspülungen kommt.

Kleiner Fischereihafen Sassnitz

INSELPRODUKTE MIT MARITIMEM FLAIR

Die **Kreidewerke Rügen** bieten ein gesundes Stück Rügen an, das man mit nach Hause nehmen kann: die Dreikronen-Heilerde. Sie kann bei Hautproblemen helfen und eignet sich sogar zum Zähneputzen.

Die **Küstenfisch-Manufaktur Kutterfisch** ist in Sassnitz eine Institution. Den Fisch kann man sich aus dem Tagesfang aussuchen und in der Küche frisch zubereiten lassen. Zum Mitnehmen sind an Rügens größter Fischtheke vor allem die Dorschbuletten, Rügener Pannfisch und Sassniter Matjesfilets beliebt. *www.sassnitz.kutterfisch.de*

Wie aus einem kleinen Fischerdorf Rügens größter Stadthafen und mit **Mukran** ein internationaler Fährhafen geworden ist, zeigt das kleine **Sassnitzer Hafen- und Fischereimuseum**. Zum Museum gehört auch das Museumsschiff „Havel", der letzte erhaltene 26-Meter-Kutter, der bis 1990 noch zum Fischen genutzt wurde.

In den 1970/80er-Jahren war die **Sassnitzer Konditorei Peters** vor allem für ihre Cremetorten bekannt, die es trotz des Mangels an Sahne, Marzipan oder Früchten meist gab. Heute verkauft die Bäckerei in 14 Filialen auf der Insel ganz besonderes Brot. Für den Rauchkornlaib werden auf Buchenspänen ganze Roggenkörner geräuchert. Mit Salzwiesenheu wird aromatisches Küstenbrot gebacken und Rapshonig verleiht dem gleichnamigen Brot einen Geschmack von Frühling.

Hätten Hunde einen Lieblingsladen, wäre es vielleicht der **Inselköter** in Sassnitz. Hier werden aus Segel-Tauwerk in einer Schauwerkstatt feine Hundeleinen gefertigt, ganz nach Geschmack im Vintagestil oder im lässigen Jachting-Design.

Fähren ersparen auf Rügen zeitraubende Umwege

6 *Auf Rügen ganz oben: Kap Arkona*

WO DER WIND RICHTIG BLÄST

Ganz im Norden von Rügen gibt der Wind den Ton an. Die Halbinsel Wittow heißt deshalb auch **Windland**. Zwischen dem Wieker und dem Jasmunder Bodden weht oft eine steife Brise. Kein Wunder, dass der Deutsche Wetterdienst hier am nördlichsten Punkt Deutschlands eine **Wetterstation** unterhält! Das nördliche Rügen unterscheidet sich landschaftlich sehr vom Süden. Charakteristisch ist die weitgehend unberührte Boddenlandschaft mit Nehrungen und Buchten.

Auf einer 60 Kilometer langen Fahrradrundstrecke, die am Kurplatz in Glowe losgeht, kommt man in gut vier Stunden an schönen Hochufern, Sandstränden, Leuchttürmen und Häfen mit zahlreichen Einkehrmöglichkeiten vorbei.

Das **Kap Arkona** und der Ort **Putgarten** gehören mit zu den beliebtesten Zielen Rügens. Putgarten hat sich mit seinen reetgedeckten Häusern den Charme eines ehemaligen Bauern- und Fischerdorfs bewahrt. Ein Schmuckstück ist das Haus Helene Weigels, der Frau Bertolt Brechts. Mittelpunkt Putgartens ist der ehemalige **Gutshof Rügenhof** mit seiner Kunst- und Handwerkskolonie. In der Steinschleiferei kann man zuschauen, wie Rügener Kreidemännchen, die Maskottchen der Insel, hergestellt werden. Höhepunkt des Jahres ist im Rügenhof das Erntedankfest.

6 **Drei Türme** nebeneinander, das gibt es sonst nirgendwo an der Ostseeküste. Vom **Leuchtfeuer**, vom **Schinkelturm** und vom **Peilturm** aus gibt es grandiosen Weitblick. Über das Lebenswerk des preußischen Baumeisters, Architekten und Stadtpla-

ners Karl Friedrich Schinkel informiert eine Ausstellung im aus rotem Backstein erbauten Schinkelturm. Die **Königstreppe** führt zum Steinstrand runter. Für Ausflugs- und Angeltouren werden am Steinstrand Boote vermietet. Oben kann man entlang des Burgwalls bis zum Fischerdorf Vitt laufen und dort frischen Räucherfisch probieren. Wer in Gellort am riesigen Findling **Siebenschneiderstein** steht, hat den nördlichsten Punkt Mecklenburg-Vorpommerns erreicht.

Altenkirchen, sieben Kilometer vom Kap Arkona entfernt, hat eine schöne Mischung von alten Backsteinbauten und reetgedeckten Katen bewahrt. Zwischen Tromper Wiek im Osten und der Ostsee im Norden ist die Naturlandschaft sehr malerisch.

Das **Seebad Breege-Juliusruh** hat seinen Doppelnamen dem wohlhabenden Großgrundbesitzer Julius von der Lancken zu verdanken. Der wählte den Ort 1795 zu seinem Ruhesitz. Vom Hafen aus wird hier mit Reusen gefischt. Den fangfrischen

Vitt, romantischster Ort Rügens

Fisch gibt's vor Ort gebacken oder geräuchert. Der mehr als 130 Jahre alte Hafen Wieks wurde nicht nur von Fischern, sondern auch zum Abtransport der Kreide aus den Brüchen vom Kap Arkona genutzt. Wahrzeichen des Ortes ist die **Kreidebrücke** von 1914. Fahrgastschiffe der Weißen Flotte starten von Wiek aus nach Hiddensee. Der Bug, die Spitze der Wittower Halbinsel, war jahrelang militärisches Sperrgebiet.

Zum Baden lohnt sich die Fahrt nach **Dranske**. Vom schönen Sandstrand fällt das Wasser nur sehr flach ab.

TIPP KULINARISCH

Der Schifferkrug in Dranske ist die älteste noch betriebene Gaststätte Rügens. Seit 1455 wird hier getrunken und gegessen. Nach dem Essen lohnt sich der Gang durch Dranskes barocken Park, einst Teil eines repräsentativen Gutshofes mit Herrenhaus. www.schifferkrug-kuhle.de

DAS LAND DER KRANICHE

Der größte Teil des **Nationalparks Vorpommersche Boddenlandschaft** gehört zum nordwestlichen Rügen. In den flachen Boddengewässern rasten im Herbst Tausende von Kranichen. In den Küstengewässern fühlen sich mehr als 40 Fischarten wohl. Angler ziehen vor allem Plötze, Aal, Zander und Hecht aus dem Wasser.

Das kulturelle Zentrum der Region ist der **historische Handwerkerort Gingst** mit seinem Heimatmuseum, der Jacobikirche und dem Rügen Park mit den maßstabsgetreuen Nachbildungen berühmter Bauwerke. Das Dorf ist wegen seiner reetgedeckten Fachwerkhäuser mit ihren Handwerkerstuben ein beliebtes Ziel. Generationen von Webern, Schuhmachern und Schneidern haben hier gearbeitet.

TIPP KULINARISCH

Die „Erste Rügener Edeldestillerie" in Ummanz verarbeitet „Gelben Richard" oder den „Pommerschen Krummstiel" zu feinen Geistern. Die vielen Sonnentage Rügens tun auch dem Bio-Obst gut, das hier verarbeitet wird. www.1ste-edeldestillerie.de

Am Marktplatz in Gingst, unweit des Kosselower Sees, startet eine 31 Kilometer lange Fahrradrundtour durch die schöne ländliche vorpommersche Boddenlandschaft. Ummanz, Waase, Tankow und Wusse liegen auf dem Weg.

Das **Herrenhaus in Venz** ist einer der ältesten erhaltenen Renaissancebauten dieser Art in Mecklenburg-Vorpommern. Es steht auf den Resten einer noch älteren slawischen Burganlage. Der Legende nach soll der Pirat Störtebeker hier um 1400 einen Teil seiner erbeuteten Schätze versteckt haben. In Venz verbrachte Feldmarschall Gebhard Leberecht von Blücher auf dem Hof seiner Schwester seine Jugendjahre. Das Gutshaus und die Gutsanlage sind heute nach denkmalgerechter Sanierung wieder Mittelpunkt eines landwirtschaftlichen Betriebs.

Nach Hiddensee und Wittow legen die Fähren und Ausflugsboote in **Schaprode** ab. Am kleinen Strand neben dem Fähranleger können auch Kinder im flachen Wasser gut schwimmen und den Schiffen beim Auslaufen zusehen.

Von Schaprode aus kann man auch mit dem Fahrrad zu einer Herrenhaustour starten. Prächtige Gutshäuser stehen in den Ortsteilen Granskevitz, Udars, Poggenhof und Streu.

Schaprode sorgte 2018 für Schlagzeilen, als in der Nähe des Ortes mehr als 100 Münzen des Dänenkönigs **Harald Blauzahn** gefunden wurden. Es war europaweit der zweitgrößte Einzelfund von Münzen aus der Zeit dieses bedeutenden Herrschers (etwa 910 bis 987). Er setzte das Christentum als Staatsreligion durch, weswegen man das Kreuz auf den mit nur 0,2 Gramm sehr leichten Münzen findet. Auch Silberschmuck, Armreife, Amulette und Perlen aus dem islamischen Raum, Byzanz und dem deutschen Kaiserreich wurden ausgegraben. Vor 150 Jahren wurde nur wenige Kilometer entfernt auf der Insel Hiddensee schon einmal Goldschmuck gefunden, der Blauzahn zugeschrieben wird. Der Hiddenseer Fund ist im **Stralsund Museum** ausgestellt.

Historische Handwerkerstube Gingst

Salzwiesenfleisch von Öherindern und Schnucken verkauft Schillings Hofladen in **Schaprode**. Die beiden Rassen Blonde d'Aquitaine und Limousin leben von Salzwiesengras und Ostseeluft. Stammkunden schmecken das aus dem zarten Fleisch heraus. *www.insel-oehe.de*

TIPP
KULINARISCH
Einen gut sortierten Hofladen bietet der Erlebnis Bauernhof Kliewe im Ummanzer Ortsteil Kliewe. Neben den Geflügelprodukten sind die Konserven im Glas wie Pommes citron besonders lecker. www.bauernhof-kliewe.de

Kaum einen Kilometer westlich des Großen Jasmunder Boddens liegt der kleine Ort Kartzitz. Den Mittelpunkt bildet die **barocke Gutsanlage Kartzitz**, die 400 Jahre lang Stammsitz der Familie von Usedom war. Der sehenswerte Park wurde teilweise zu einem **englischen Landschaftspark** umgestaltet. Gleich um die Ecke wird auf einem Vier-Generationen-Hof nach alter Familienrezeptur von Hand gesenft. Glenn setzt dabei auf hochwertige Senfsaaten, um Frecher Bube mit Estragon oder die Orient-Brise mit Kreuzkümmel ins Glas zu bringen.

Vom CARAVANCAMP OSTSEEBLICK, direkt am Meer, gibt's den schönsten Blick nach Hiddensee. Kleiner, ruhiger Rasenplatz für 70 Wohnmobile. Naturstrand mit Steinen.
www.caravancamp-ostseeblick.de
KNAUS CAMPING- UND FERIENHAUSPARK auf einem Hochplateau direkt am 12 km langen Strand „Die Schaabe" bei Breege-Juliusruh. Bester Spot für Sonnenaufgänge.
www.knauscamp.de
Der westlichste CAMPINGPLATZ Rügens bietet 150 Stellplätze AM SCHAPRODER BODDEN. Badestrand mit großer, flacher Wasserzone. Fischrestaurant Strandgut auf dem Platz.
www.camping-schaprode.de
Der NATURCAMPINGPLATZ am Ortsrand von Alt Reddevitz liegt im Biosphärenreservat, umgeben von Feldern und Wiesen. Besonders hundefreundlicher Platz mit eigenem Hundestrand
www.rügen-urlaub.de
DAT STRANDDÖRP IN LOBBE, Mönchgut, liegt naturbelassen am Meer mit direktem Strandzugang, 240 Plätze, Minimarkt und Bolzplatz, Grillabende mit Livemusik.
http://stranddoerp.jebensnet.de
Hiddensee
SASSNITZ
BERGEN
Rügen
STRALSUND
GREIFSWALD
RÜGEN
STELL PLÄTZE

Bernstein: Belohnung für fleißige Sucher

Steine, Fossilien, Muscheln

Für Schatzsucher sind die Strände Rügens wie gemacht. Es ist nicht schwer, hier Bernstein, Fossilien oder außergewöhnliche Feuersteine zu finden. Das fossile Harz gibt es übrigens nicht nur orange schimmernd, sondern auch in Grün-, Rot- und Blautönen.

SELTENE SCHÄTZE 1

Wer genau wissen will, was er ausgebuddelt hat, kann seine Schätze im Kreidemuseum in Gummanz fachmännisch beurteilen lassen. Das Museum befindet sich in einem historischen Kreidewerk. Gerade für die Bestimmung der Fossilien braucht man Fachverstand. Dringend wird davon abgeraten, an den Klippen auf Schatzsuche zu gehen, durch die Abbrüche ist es hier lebensgefährlich.
www.kreidemuseum.de

An Steilküsten ist Vorsicht geboten

Die Sandklaffmuschel wurde von den Wikingern aus Nordamerika eingeschleppt

TIPPS FÜR DIE SUCHE

An Geschiebestränden ist die Aussicht am größten, Fossilien zu entdecken. Ausdauer und einen kleinen Hammer braucht man für die Suche. Am höchsten ist die Wahrscheinlichkeit, in farbigen Steinen Versteinerungen zu finden. Ein Sturm aus der richtigen Richtung, möglichst Nordost, schafft mit seinen hohen Wellen die besten Voraussetzungen – wenn sich das Wetter gelegt hat –, auf Schätze zu stoßen. Beim Durchforsten von Seetang braucht man ein gutes Auge, um die oft nur erbsengroßen Bernsteinstücke zu erkennen. Mit etwas Glück nimmt man dann ein 540 Millionen Jahre altes Steinchen mit nach Hause.

MUSCHELSCHÄTZE

Leer geht niemand aus, der an Rügens Stränden auf Schatzsuche ist. Viele der Muschelschalen sind filigrane Kunstwerke und eignen sich gut als Schmuckstücke. Besonders schön sind die weiß schimmernden Herzmuscheln. Ursprünglich bestehen sie aus zwei geschlossenen Schalenhälften, die von der Seite betrachtet, wie ein Herz aussehen. Gut zehn Zentimeter lang sind die ovalen, weiß gestreiften Sandklaffmuscheln. Sie machen sich zu Hause gut auf der Fensterbank.

EXTRA

HIDDENSEE STRALSUND

HIDDENSEE UND STRALSUND

Seepferdchen und Backsteingotik

Die Weltkulturerbe-Hansestadt Stralsund ist auch das Tor zur Kulturinsel Hiddensee. Der Bismarckhering ist in der Stadt genauso zu Hause wie die historischen Spielkartenblätter. Ganz Hiddensee ist Teil des Nationalparks Vorpommersche Boddenlandschaft.

MEHR AM MEER GEHT NICHT. Hiddensee ist Rügens kleine, ruhige Schwesterinsel. Damit es ruhig und beschaulich bleibt, ist die Insel weitgehend autofrei und hat sich der Nachhaltigkeit verschrieben. Camping ist auf der gesamten Naturschutzinsel verboten. Ziel ist es, die Auswirkungen des Tourismus auf Klima, Biodiversität und nicht zuletzt auf die lokale Bevölkerung möglichst gering zu halten.

KLEIN, ABER OHO!

Nach Hiddensee, westlich von Rügen, kommt man nur auf dem Wasserweg. Fähren von Stralsund, Zingst, Schaprode und Wiek fahren nach Neuendorf, Vitte und Kloster. In Schaprode stehen für Hiddenseegäste zwei Großparkplätze zur Verfügung. Schon vom Schiff aus bietet sich ein schöner Blick, vom Dornbusch im Norden, über Kloster und Vitte bis zum Leuchtfeuer Gellen im Süden.

An der schmalsten Stelle ist Hiddensee gerade mal 250 Meter breit. Die Strecke von Nord nach Süd schafft man auf einer Halbtageswanderung. Wenn man Glück hat, begegnen einem auf dem Weg mehr Pferdekutschen, die das Gepäck der Übernachtungsgäste transportieren, als Autos mit Inselfahrgenehmigung. Das Wappen der Insel trägt auf der linken Seite ein Seepferchen, das der Silhouette der Insel erstaunlich nahekommt.

VOGELRASTPLATZ

Bei der Nord-Süd-Wanderung kommt man durch alle vier Orte der Insel. An einer zwei Kilometer langen Bucht im Nordosten der Insel liegt Grieben. Auf der einen Seite gibt's den Blick auf die Boddenlandschaft, auf der anderen Seite auf den Leuchtturm. Von hier bieten sich Abstecher entlang des Hochuferwegs zum Leuchtturm, zum Enddorn

1 Leuchtturm Dornbusch S. 118

2 Insel Ummanz S. 124

3 Altes Rathaus, Stralsund S. 126

4 Wulflamhaus S. 127

5 Gorch Fock S. 127

6 Kranorama S. 131

oder zum Vogelschutzgebiet Bessin an. Von der Ostseeüberquerung erschöpfte Kraniche, Kanadagänse, Stockenten und Singschwäne halten sich hier gerne im Schutz von Sträuchern auf, um Nahrung zu suchen.

BEEINDRUCKENDE STEILKÜSTE

Wahrzeichen Hiddensees ist der ❶ **Leuchtturm Dornbusch**. Sein Licht strahlt aus 100 Metern über Meereshöhe 45 Kilometer auf die Ostsee hinaus. Bis 1998 arbeitete auf Hiddensee der letzte Leuchtturmwärter Deutschlands. Nur bei gutem Wetter und ausreichender Sicht hat die Aussichtsplattform des Leuchtturms für Besucher geöffnet. Bei idealem Wetter kann man bis nach Dänemark gucken.
www.seebad-hiddensee.de/leuchttuerme

Seit 1990 ist Hiddensee Teil des Nationalparks Vorpommersche Boddenlandschaft. Als Bodden werden Meeresbuchten bezeichnet, die durch Inseln oder Halbinseln vor der offenen Ostsee geschützt werden. Diese Gewässer sind meist nur bis zu fünf Meter tief und durch den geringen Nachschub aus der Ostsee ist ihr Salzgehalt gering.

Die Steilküste im Norden der Insel ist bis zu 60 Meter hoch und vier Kilometer lang. Den oberhalb der Kliffkante verlaufenden Hochuferweg sollte man nicht verlassen, denn im Kliff gibt es viele Spalten, kleine Höhlenbildungen und immer wieder kommt es auch zu Uferabbrüchen. Im südwestlichen Bereich des Steilufers führen zwei Treppen zum be-

TIPP
KULINARISCH
Das weiß getünchte Restaurant „Zum Klausner“ auf dem Dornbuschkliff ist nicht zu übersehen. Dieses Haus war zu DDR-Zeiten die Heimat von Aussteigern, die mit dem Staat gebrochen hatten. Hier mit Blick bis nach Dänemark konnten sie von einer besseren Welt träumen.
www.klausner-hiddensee.de

❶ *Leuchtturm Dornbusch im hügeligen Inselnorden*

gehbaren Steinwall hinunter, die eine beim Gasthaus „Zum Klausner“, die andere drei Kilometer entfernt am Ortsrand von Kloster in der Nähe des Heimatmuseums. Nach starken Weststürmen trifft man hier immer wieder Bernsteinfischer, die mit ihren Wathosen in der Ostsee stehen und mit Keschern nach dem fossilen Harz suchen.

NATURBELASSEN

Sturm und raues Wetter sind schuld daran, dass der sich die gesamte Westküste entlangziehende Ostseestrand nicht immer wie geleckt aussieht. Hier kommt kein großes Gerät zum Einsatz, um Sandverwehungen auf dem Promenadenweg zu beseitigen oder Seegras am Naturstrand aufzurechen. Nur Teile des Badestrandes werden regelmäßig gereinigt. Bei Neuendorf, Vitte und Kloster werden Strandabschnitte von Rettungsschwimmern bewacht.

Je wärmer die Ostsee wird, desto häufiger muss im Sommer Quallenalarm an den Stränden gegeben werden. Wer mit den Tentakeln beim Schwimmen in Berührung gerät, bekommt Hautrötungen und es brennt an diesen Stellen lange.

Die Ohrenqualle wird so groß wie ein Essteller und erreicht nicht selten einen Durchmesser von 40 Zentimetern. Durch den durchsichtigen Schirm erkennt man, ob es sich um eine weibliche oder männliche Qualle handelt. Weibliche Ohrenquallen haben vier ringförmige, rote bis violette Geschlechtsorgane. Bei männlichen Quallen sind diese weiß. Die gefährlichen Tentakel sitzen am Schirmrand.

Die gelbe Nesselqualle wird zu Recht auch Feuerqualle genannt. Sie kann bis zu einen Meter Durchmesser erreichen. Die Tentakel und ihre Mundarme sind rotbraun gefärbt. Die gelbe Nesselqualle hat sehr viele dicht mit Nesselzellen besetzte Tentakel. Berührungen sind äußerst schmerzhaft.

KUNST UND KULTUR

Das Seebad Kloster ist Bauerndorf und Künstlerdorf zugleich. Kleine Galerien und Ausstellungen im Küsterhaus am Torbogen, im Galeriecafé „Hedins Oe“ oder in der Galerie Dwarslöper bewahren die Tradition. In der Saison bietet Hiddensee seinen Gästen ein breites Kulturprogramm, von Orgelkonzerten über Klavierabende bis zu Kulturworkshops und Themenwochen. Veranstaltungsorte sind dabei auch die Häuser von Prominenten, die zu Lebzeiten auf Hiddensee ihren Urlaub verbrachten. Theateraufführungen finden zum Beispiel am Asta-Nielsen-Haus statt. Die dänische Stummfilmdiva Asta Nielsen kaufte 1929 ein vom berühmten Architekten Max Taut entworfenes Haus, das heute mit seinen beiden Ausstellungen zu Max Taut und Asta Nielsen auch besichtigt werden kann.

TIPP
SEHENSWERT
Gerhart Hauptmann verbrachte 20 Jahre lang seine Sommer im Haus Seedorn am Kirchweg in Kloster. Durch diesen Rückzugs- und Arbeitsort des Dramatikers werden Führungen angeboten. www.hauptmannhaus.de

Auf dem Inselfriedhof in Kloster ist der 1946 gestorbene Literatur-Nobelpreisträger Gerhart Hauptmann begraben. Die ältesten Grabsteine des Hiddenseer Friedhofs zeugen von einer entbehrungsreichen Zeit. Sie tragen oft nur die Hausmarke des Verstorbenen und ein eingeritztes Todesjahr.

Die Inselkirche in Kloster hat eine interessante Geschichte. 1296 bekamen Zisterziensermönche die Insel geschenkt, um hier zur Christianisierung der Region ein Kloster zu gründen. Außerhalb ihres Klosters bauten sie für die Fischer und Bauern der Insel eine Kirche. Auf den Grundmauern dieses Gotteshauses wurde die Inselkirche errichtet, die anders als das Kloster selbst heute noch steht. Nach alter Tradition werden in dieser Kirche alle Täuflinge mit Wasser aus der Ostsee getauft. Bei der Bemalung der Decke der Inselkirche hat sich der Berliner Maler Nikolaus Niemeier vom blauen Himmel und den in Kloster üppig wachsenden Rosenhecken leiten lassen. Die Decke ist als Hiddenseer Rosenhimmel bekannt.

Asta-Nielsen-Haus in Vitte

Inselkirche Hiddensee in Kloster

Mitbringsel, die wenig mit dem Souvenirkitsch vieler Andenkenläden zu tun haben, gibt's im Fischuppen in Kloster. Viele Stücke werden aus alten Fischermaterialien gefertigt, fast alles im Fischereidesign, von Armbändern über T-Shirts bis zu lustigen Mützen. Wer in einem der beiden Geschäfte der Eismanufaktur Hiddensee in Kloster oder Vitte Sanddorneis probieren will, sollte nicht zu spät kommen, meistens ist diese Sorte zuerst ausverkauft.

Vitte bildet mit seinen Läden und Gaststätten das Zentrum der Insel. Dazu gehören im Sommer auch das maritime Kammertheater Seebühne und in Hafennähe das Zeltkino. In der Saison werden hier bis zu drei Filme am Tag gezeigt. Außerdem finden Events wie das „Inselsingen" und Lesungen statt. Die Blaue Scheune im Norden des Ortes kaufte die Malerin Henni Lehmann und machte eine Kunstscheune daraus. Der Hiddenseer Künstlerinnenbund stellt hier aus.

Der Badestrand von Vitte ist der breiteste Sandstrand auf Usedom und trägt die Blaue Flagge für gutes Umwelt- und Sicherheitsmanagement.

INSELNATUR – AKTIV ERLEBEN

Im Nationalparkhaus werden alle Fragen zu Hiddensee beantwortet, wie die Insel entstand oder wie sich Zugvögel orientieren. Nationalparkwächter halten hier Vorträge und bieten Führungen und Erlebniswanderungen an. Wer den Nationalpark Vorpommersche Boddenlandschaft ganz naturverträglich aus

TIPP
AKTIV

In der Werkstatt von Henry Engels in Kloster kann man einstündige Bernstein-Schleifkurse belegen. Wer seine eigenen gefundenen Bernsteinstücke mitbringt, bekommt den Kurs günstiger.
www.bernstein-werkstatt-hiddensee.de

der Luft, auf der Erde und im Wasser erkunden will, kann dies dank modernster Technik im Besucherzentrum des Parks in Vitte machen. Die Ausstellung beginnt mit einer Multivisionsshow im Kinoraum des Nationalparkhauses. Mit vielen Mitmachelementen kann man echte Fische finden und virtuell in die dreidimensionale Unterwasserwelt des „OstseeLive“ eintauchen. Aus der Sicht der Weißwangengänse fliegt man über die Insel Rügen, kann Ranger befragen und Tierstimmenorgel spielen.

INSEL DER FISCHER

Frischen Fisch gibt es nicht nur in den Gaststätten in Vitte, sondern auch in Kloster (Willis Räucherkutter, Gens' Fischkutter) und in Neuendorf (Zum Süder). Mit der Marke Hiddenseer Kutterfisch wollen die Fischer Besuchern und Badegästen ein Stück Heimat auf Tisch und Teller bringen. Mit dieser Marke garantieren sie, dass sie nur das fangen, was auch vor Ort verarbeitet und verkauft werden kann. Sie erhalten dafür die Stellnetzfischerei aufrecht und verpflichten sich, die Fanggebiete nachhaltig zu bewirtschaften.

TIPP
AKTIV

In den Küstengewässern um Hiddensee ist das Angeln grundsätzlich erlaubt. Hier kommen Aal, Steinbutt, Flunder, Dorsch, Hornfisch, Barsch, Plötze und Lachs vor. Für Touristen gibt es einen zeitlich befristeten Fischereischein. Die Angelerlaubnis wird in den Touristeninformationen in Vitte und Kloster verkauft. Hochseeangeltouren können ab Schaprode gebucht werden.
www.hafen-schaprode.de

Hering in allen Variationen

Am Ortseingang von Neuendorf, im Süden der Insel, stößt man zuerst auf den Reusenschuppen „Lütt Partie". Was hier im Fischereimuseum historisch beleuchtet wird, kann man, wenn man weiter zum Hafen hinuntergeht, auch live erleben, indem man den wenigen verbliebenen Fischern bei der Arbeit zusieht. Früher war ganz Hiddensee eine Insel der Fischer. Vor allem Aal und Hering zogen sie aus der Ostsee. Hering wurde nicht nur frisch weiterverkauft, sondern in den Heringssalzereien auf Hiddensee auch eingelegt.

Max von Jasmund hat dem Hering eine Ode geschrieben: „Solange du noch schwimmst durch Meer und Belt, solange, Hering, ist noch Hoffnung für die Welt."

Wenn es im Herbst in dichtem Gebüsch orangefarben leuchtet, sind die Sanddornbeeren reif. Wegen ihres hohen Vitamin-C-Gehalts wird Sanddorn auch als die Zitrone des Nordens bezeichnet. Überall auf der Insel bekommt man Gelee, Saft oder Likör aus Sanddorn. Ursprünglich kommt die Pflanze aus Ostasien. Eiszeitliche Verschiebungen haben Sanddornbeeren bis nach Europa gebracht. Besonders an den Küsten von Ost- und Nordsee fand Sanddorn ideale Lebensbedingungen vor.

ZU FUSS UND MIT DEM RAD UNTERWEGS

Weil es keinen privaten Autoverkehr auf Hiddensee gibt, ist das Fahrrad das wichtigste Verkehrsmittel. In allen vier Orten auf Hiddensee werden Räder verliehen. Die Wege entlang der Deiche und der Boddenküste sind gut zu befahren. Die einzige Steigung ist auf dem Weg zum Aussichtspunkt Großer Inselblick zu bewältigen.

In Neuendorf starten zwei Wanderungen. Eine etwa acht Kilometer lange Route verläuft zum Strand, am Leuchtfeuer Gellen vorbei bis zur Grenze der Schutzzone des Nationalparks.

Direkt vor dem kleinen Leuchtturm ist der Sandstrand besonders schön. Seit 1905 weist dieser kleine, nur zwölf Meter hohe Leuchtturm den Weg von der Ostsee durch das Fahrwasser Gellenstrom nach Stralsund. Bereits im Mittelalter stand hier eine Luchte, also ein Leuchtfeuer. Bei Niedrigwasser sieht man noch die vier mal vier Meter großen Grundmauern des ursprünglichen Turms. Mönche aus der angrenzenden Gellenkirche hatten dafür zu sorgen, dass die Leuchte nachts und bei schlechtem Wetter brannte. Fischer von Hiddensee und Rügen orientierten sich an diesem Leuchtfeuer, um ihren Fang möglichst früh auf den Stralsunder Fischmarkt bringen zu können.

Die zweite Wanderung von Neuendorf aus führt über Deich und Steinwall durch die Wiesen- und Heidelandschaft. Am Neuendorfer Strand wurde vor 150 Jahren nach einer schweren Sturmflut Goldschmuck aus der Wikingerzeit gefunden. Eine Replik dieses Schmucks ist im Heimatmuseum in Kloster ausgestellt, das Original im Museum in Stralsund.

Bei Wanderungen durch die Hiddenseer Heidelandschaft sollte man feste Schuhe und lange Hosen tragen. Drei Schlangenarten kommen hier vor: Ringelnatter, Schlingnatter und Kreuzotter. Es ist selten, dass aufgeschreckte Kreuzottern beißen. Aber für Menschen mit geschwächtem Kreislauf kann so ein Biss in ungeschützte Waden riskant werden.

Die Neulandbildungen am Gellen dürfen nicht betreten werden, um das Brüten und Rasten gefährdeter Vogelarten nicht zu stören. Die Dünenheide auf Hiddensee zwischen Neuendorf und Vitte zählt mit 120 Hektar zu den letzten großen Küstendünenheiden an der deutschen Ostseeküste. Am schönsten ist es hier während der Blütezeit im August. Weil die Dünenbereiche für den Küstenschutz wichtig sind, dürfen sie nicht betreten werden, auch Fahrräder sollte man hier nicht abstellen.

TIPP
KULINARISCH

Eine Hiddenseer Spezialität sind die Pfefferlappen mit roten Zwiebeln und Meerrettichsoße im Restaurant Hafenkater in Vitte. In skandinavischem Design kann man sich diese scharf eingelegten Heringsfilets auf der Meerblickterrasse schmecken lassen. www.hafenkater.de

Wandern durch die Heidelandschaft Hiddensees

TIPP
ERLEBEN
Im Reusenschuppen Groot Partie mit Museumscafé gibt es neben wechselnden Ausstellungen auch Lesungen, Kabarett und kleine Konzerte. Am besten schmeckt der Kuchen draußen in der Sonne vor dem renovierten Reetdachgebäude der damaligen Reusengemeinschaft.

Westlich vor Rügen im Schaproder Bodden liegt die ❷ **Insel Ummanz**, eine der am dünnsten besiedelten Regionen Deutschlands. Auf der flachen, 20 Quadratkilometer großen Insel, die über eine Brücke zu erreichen ist, leben nur 240 Menschen. Ein Tipp für alle, die im Urlaub Natur und Ruhe suchen. Die Ummanz umgebenden Inselchen Heuwiese, Liebes, Mährens, Wührens und Urkevitz gehören den Vögeln und sollten nicht betreten werden.

Zwischen Grieben, dem vermutlich ältesten und kleinsten Strohdachdorf auf Hiddensee, und dem denkmalgeschützten Neuendorf pendelt regelmäßig ein Elektrobus. Den Fahrplan findet man unter *www.seebad-hiddensee.de/Inselbus.*

EIN JUWEL DER BACKSTEINGOTIK

Rot ist die dominierende Farbe in Stralsund. Kirchen, Klöster und Bürgerhäuser zeigen, wie filigran und vielfältig Baumeister mit dem Stein umgingen. Die einst mächtige Hansestadt Stralsund gehört mit ihren prachtvollen Backsteinbauten heute zum UNESCO-Welterbe.

Drei große Backsteinkirchen prägen die Silhouette Stralsunds. Die höchste, die St.-Marien-Kirche mit ihrem 100 Meter hohen Turm, war einmal das höchste Gebäude der Welt – und ein gemauerter Beweis, wie stolz die Bürger Stralsunds auf ihre Stadt waren. Mit ihrem beeindruckenden Mittelschiff, das 96 Meter lang, 41 Meter breit und fast 33 Meter hoch ist, ist die Stralsunder Marienkirche nach der Danziger die zweitgrößte Backsteinkirche im Hanseraum. Sehenswert und vor allem hörenswert ist die bald 500 Jahre alte Barockorgel des Lübecker Orgelbaumeisters Friedrich Stellwagen.

Die Gemeinde der St. Nikolaikirche war sogar so wohlhabend, dass sie ihre Kirche mit zwei Orgeln ausstattete. Der Aufstieg Stralsunds zu einer bedeutenden Seehandelsstadt spülte viel Geld in die Stadt. Die schlichte Hallenkirche mit zunächst nur einem Turm wurde zur dreischiffigen Basilika mit zwei Türmen umgebaut. Von den einst 56 Altären sind nur noch wenige erhalten, darunter der gotische Hochaltar und der barocke Trennaltar. Wer im Seeschiffhandel besonders erfolgreich war, hatte seinen eigenen Altar wie die Bergen- und die Nowgorodfahrer. Von der astronomischen Uhr von 1394 gibt es weltweit nur noch wenige erhaltene Exemplare.

Die Basilika St. Jakobi ist am leichtesten an den glasierten Formsteinen an Blenden und Friesen zu erkennen. Der neue Westturm ist ein architektonisches Highlight. Als Stadt- und Kulturkirche ist sie ein wichtiges kulturelles Veranstaltungszentrum Stralsunds.

Neben den drei großen Kirchen schmücken die Stadt auch drei Klöster. Die gotische Substanz des St. Katharinenklosters ist fast vollständig erhalten. Der Kapitelsaal zählt zu den schönsten Innenräumen der niederdeutschen Backsteingotik. Sein Kreuzrippengewölbe wird von acht schlanken Pfeilern mit Malereien aus dem 15. Jahrhundert getragen. Das Kloster wurde schon vielfältig genutzt, als Gymnasium, als Waisenhaus und gibt heute dem deutschen Meeresmuseum Ausstellungsraum.

❷ *Landmarke und Ummanzer Kiosk in einem*

Backsteingotik und moderne Museumsarchitektur

Zu den ältesten Bauwerken Stralsunds gehört das St. Johanniskloster. Um zwei große Höfe gruppieren sich die Gebäude aus drei Bauphasen: der Gotik, des Barocks und des Klassizismus. Unter den Stralsunder Klöstern ist St. Johannis am meisten Unglück widerfahren. Ein Großbrand vernichtete 1624 die große Hallenkirche. Ende 1944 richteten Bomben große Schäden an. Viel Geld musste seitdem in die Restaurierung des Bauwerks gesteckt werden. Ein Teil des Klosters wird vom Stadtarchiv und von einer Barockbibliothek genutzt.

Das gut erhaltene Heilgeistkloster ist im strengen Sinne gar kein Kloster. In diesem Gebäude mit Hallenkirche wurden arme Kranke behandelt und gepflegt. Seinen Namen bekam das Spital von der Heilgeiststraße, an der es liegt.

REICH DURCH HANDEL

Das 3 **alte Rathaus** ist mit seiner aufwendigen Zierfassade das Wahrzeichen Stralsunds. Finanziert wurde diese Schauwand aus Lösegeld. Die Stralsunder hatten Anfang des 14. Jahrhunderts einem Angriff der Dänen standgehalten und einige Fürsten gefangen genommen. Deren Freilassung ließen sie sich gut bezahlen. Das Gebäude ist ein steinerner Beweis für den Ruhm und den Reichtum der Stadt in der Hansezeit. Selbst im Rathaus wurde früher Handel betrieben. Die Kellerhalle soll das Reich der Tuchhändler gewesen sein, im Erdgeschoss waren Verkaufsstände untergebracht. Wer vom Markt her auf das Rathaus blickt, sieht über den großen Fenstern die Wappen der Hansestädte Wismar, Lübeck, Hamburg, Greifswald, Stralsund und Rostock. Mit all diesen Städten trieb Stralsund über die Ostsee regen Handel. Sehenswert sind im Rathaus neben dem Löwenschen Saal der Ratssaal und der barocke Galeriegang.

In Stralsund lohnt es sich, einen halben Tag ausschließlich den Bauten der Backsteingotik zu widmen. Mehr als 20 bedeutende Objekte sind ausgeschildert und auf Tafeln gut beschrieben. Wer nicht so viel Zeit hat, sollte zumindest die Giebelhäuser in der Mühlenstraße anschauen. Reiche Kaufleute bauten sich hier Häuser mit prächtigen Giebeln und großen Dielen, um Waren ins Haus zu schaffen und sie mit Lastenaufzügen auf die Böden zu transportieren.

Das ❹ **Wulflamhaus** am Alten Markt ist eines der am besten erhaltenen Wohnhäuser der Spätgotik in Norddeutschland. Das imposante Gebäude mit den vielen architektonischen Details wurde um 1350 im Auftrag des damaligen Ratsherrn und späteren Bürgermeisters Bertram Wulflam erbaut. Die aufwendige Pfeilergiebelkonstruktion zeigt, mit wie viel Kreativität man eine Schaufassade gestalten kann. Im Inneren befinden sich mehrere Wandmalereien.

Durch Stralsund werden von der Tourismuszentrale zahlreiche geführte Touren angeboten, von der Altstadtführung bis zu Nachtwächters Geschichten. Die UNESCO-Welterbestadt kann man natürlich auch vom Meer aus erleben. Unter der neuen Rügenbrücke hindurch geht es an der Volkswerft und den großen Containerschiffen vorbei. Die „MS Altefähr" startet in der Saison mehrmals täglich zu einstündigen Hafenrundfahrten, Blick auf die Altstadt Stralsunds und das architektonisch bemerkenswerte Meeresmuseum Ozeaneum inbegriffen.

Die ❺ **Gorch Fock**, die vor Stralsund liegt, ist weiß gestrichen – und sie ist das Original. Das Modell, das 1958 nachgebaut wurde, die „Gorch Fock II", fährt als Segelschulschiff der Marine unter demselben Namen und hat Kiel als Heimathafen.

TIPP
SEHENSWERT

Wer lieber auf eigene Faust loszieht, kann sich Audiotouren herunterladen. Der kostenlose Audio-Rundgang „Jüdisches Leben und Wirken in Stralsund" führt an elf Orte der jüdischen Geschichte in Stralsund. Der Stadtrundgang beginnt an der Stralsunder Münze.

❸ *Ziergiebel des Stralsunder Rathauses*

CLUB WERKSTATT

HIGH LIGHT

❺ Die Gorch Fock I liegt in Stralsund im Hafen

Rundtouren vorbei am Segelschiff „Gorch Fock" bis zur Insel Dänholm bietet die Fahrgastschifferei Hübner an. Des Weiteren findet man Hafentouren unter *www.weisse-flotte.de* und *www.hafenrundfahrten-stralsund.de*. Das Wohnmobil kann man hinter dem Ozeaneum parken. Alternativ gibt es den Caravanstellplatz an der Rügenbrücke.

Stralsund hat immer davon profitiert, dass im Strelasund und in den angrenzenden Boddengewässern viele Fische lebten. Das Ackerland rund um die Stadt und auf Rügen war fruchtbar und mit den Überschüssen aus Fischerei und Landwirtschaft ließ sich im Ostseeraum gut handeln. Weil es in der Stadt reichlich Arbeit gab, platzte sie schon 1285 aus allen

TIPP
GENIESSEN
Mitten in der Altstadt, am Neuen Markt, versprüht die Brasserie Grand Café französisches Lebensgefühl. An den Wänden Drucke von Renoir und im Wintergarten wird Pernod serviert. www.brasserie-stralsund.de

❹ *Bürgerhaus Wulflam aus dem 14. Jahrhundert*

TIPP
KULINARISCH
Im Braugasthaus Dolden Mädel am Fischmarkt in Stralsund werden 15 handwerklich gebraute Biere vom Fass angeboten. Die Braugerste stammt überwiegend von eigenen Anbauflächen auf Rügen, das Rindfleisch, das hier auf den Teller kommt, stammt vom eigenen ökologischen Hof in Vorpommern. www.doldenmaedel.de

Nähten und wurde am südlichen Stadtrand um eine Neustadt mit eigenem Markt erweitert.

Mit Eintritt in die Hanse wurde Stralsund ein wichtiger Umschlagplatz dieser Handelsgemeinschaft von 300 Städten. Die Koggen der Stadt brachten Hering, Bier, Wein, Tuche, Pelze und Erze nach Russland, Skandinavien, Frankreich, England und die Niederlande. Mehr als 300 Schiffe segelten unter Stralsunder Flagge und exportierten die landwirtschaftlichen Güter der Region ins europäische Ausland.

Alter Marktplatz Stralsunds

TIPP
AKTIV
Ideale Plätze zum Stand-up-Paddeln und Kiten sind die Boddengewässer vor Suhrendorf, Saal und Tremt. Dort ist das Wasser flach und oft ohne Wellen. Spektakulär schön ist das Surfen auf dem Strelasund zwischen Altefähr und Stralsund mit Blick auf die Rügenbrücke.

SEHENSWERTES IM UMLAND

Zwölf Kilometer nördlich von Stralsund findet man in der nördlichsten Ecke des mecklenburg-vorpommerschen Festlandes Barhöft mit seinem kleinen Hafen. Vom Wohnmobilstellplatz am Dorfeingang aus kann man zu einer knapp sechs Kilometer langen Wanderung entlang des Barhöfter Steilufers aufbrechen. Die leichte Naturwanderung belohnt immer wieder mit schönen Ausblicken auf den Hiddenseer Leuchtturm, die Insel Rügen und die Hohe Düne bei Pramort.

Das 6 **Kranorama** am Günzer See in Groß Mohrdorf hat sich dem Schutz der Kraniche verschrieben. 500 Ehrenamtliche schützen Rast- und Brutplätze. Am meisten gibt es während der Frühjahrs- und Herbstrast der großen Vögel zu sehen. Es gibt sogar eine Live-Übertragung der Kraniche vom Feld auf einen großen Bildschirm. Im Informationszentrum erhalten Besucher detaillierte Einblicke in das Leben der faszinierenden Großvögel. *www.kraniche.de*

6 *Wanderer zwischen den Welten: die Kraniche*

GENUSS-TIPP

Wenn der Hering sauer wird Gut 150 Jahre ist es her, dass der Stralsunder Kaufmann Johann Wiechmann frisch gefangene Heringe konservierte und eine Kostprobe an den damaligen Reichskanzler Otto von Bismarck schickte. Ihm muss der Hering geschmeckt haben, sonst hätte er nicht erlaubt, dass die Delikatesse ab diesem Zeitpunkt seinen Namen trug. Nur während der DDR-Jahrzehnte wurde er vorübergehend in „Delikatess-Hering" umgetauft. Vielen schmecken die im Fass marinierten butterweichen Filets am besten auf Schwarzbrot mit einem kräftigen Bier.

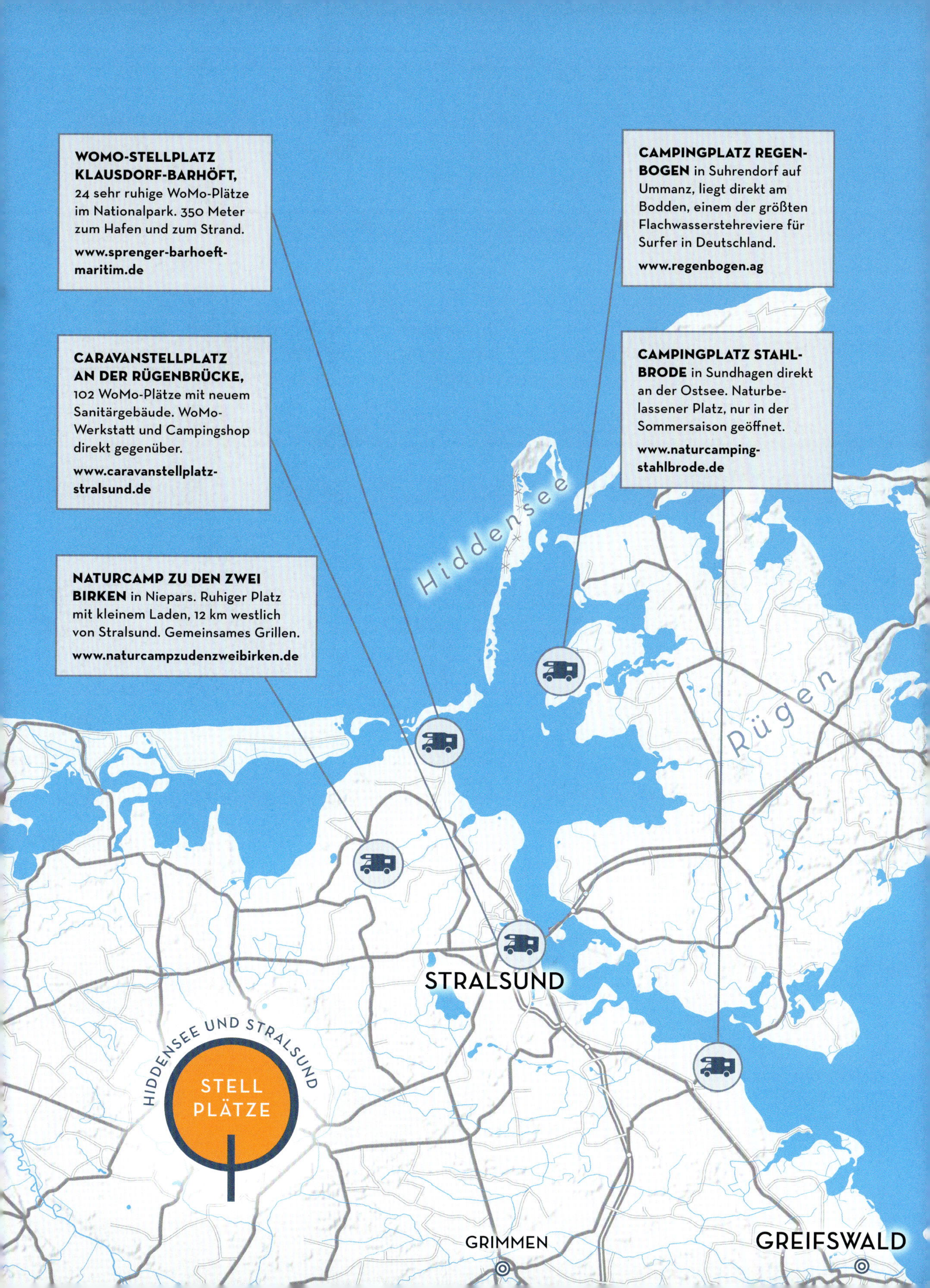
WOMO-STELLPLATZ KLAUSDORF-BARHÖFT, 24 sehr ruhige WoMo-Plätze im Nationalpark. 350 Meter zum Hafen und zum Strand.
www.sprenger-barhoeft-maritim.de
CARAVANSTELLPLATZ AN DER RÜGENBRÜCKE, 102 WoMo-Plätze mit neuem Sanitärgebäude. WoMo-Werkstatt und Campingshop direkt gegenüber.
www.caravanstellplatz-stralsund.de
NATURCAMP ZU DEN ZWEI BIRKEN in Niepars. Ruhiger Platz mit kleinem Laden, 12 km westlich von Stralsund. Gemeinsames Grillen.
www.naturcampzudenzweibirken.de
CAMPINGPLATZ REGENBOGEN in Suhrendorf auf Ummanz, liegt direkt am Bodden, einem der größten Flachwasserstehreviere für Surfer in Deutschland.
www.regenbogen.ag
CAMPINGPLATZ STAHLBRODE in Sundhagen direkt an der Ostsee. Naturbelassener Platz, nur in der Sommersaison geöffnet.
www.naturcamping-stahlbrode.de
Hiddensee
Rügen
STRALSUND
HIDDENSEE UND STRALSUND
STELL PLÄTZE
GRIMMEN
GREIFSWALD

Geschichtsmuseum der Hansestadt Stralsund

Karten, Wale, Verrücktes

Stralsund legt viel Wert auf Kultur. Besonders die Museenlandschaft ist sehr vielfältig und trifft alle Interessen – vom Meeresmuseum über das Skurrileum, ein Museum für komische Kunst, bis zur Spielkartenfabrik.

OFFENER ATLANTIK IM MUSEUM 1

Das Deutsche Meeresmuseum ist mit seinen vier Standorten das größte naturwissenschaftliche Museum Norddeutschlands. Hinter Klostermauern erlebt man in tropischen Aquarien verschiedene Meere, von den Tropen bis zum Mittelmeer. Hinter der spektakulären Fassade des Ozeaneums aus weißem Schiffsstahl erzählen Nachbildungen von Walen alles über diese Meeresgiganten; unbedingt lohnend: auch die Dachterrasse des Museums.
www.deutsches-meeresmuseum.de

Das Stralsunder Blatt

Skurrile Kunst zum Schmunzeln

DIE WIEGE DER SPIELKARTEN 2

Die Tradition des Spielkarten-Drucks wird in der Museumswerkstatt der Spielkartenfabrik am Katharinenberg fortgeführt. Auf historischen Druckmaschinen werden Spielkarten in kleinen Auflagen produziert. Das Museum hat eine Sammlung historischer Kartenblätter, die bis 1931 in Stralsund hergestellt wurden. Neben den klassischen Spielen werden auch eigene Spielentwicklungen verkauft. Bei „Rum & Rollmops" sind die Spieler Kaufleute und Seefahrer, die mit kostbaren Waren handeln und ihre Schiffe sicher über die Ostsee bringen müssen. Wer seine Kogge verliert, hat Pech gehabt.
www.spiefa.de

MEISTERWERKE DER KOMISCHEN KUNST 3

Dass Stralsund gute Laune macht, beweist das Skurrileum, ein Museum für komische Kunst, auf der Stralsunder Hafeninsel. Auf 700 Quadratmetern werden hier im alten Koggenspeicher verrückte Sachen ausgestellt, die einem ein Lächeln ins Gesicht zaubern. Aus der Riesensammlung von kuriosen Kunstdrucken kann man Humor auch mit nach Hause nehmen.
www.skurrileum.de

EXTRA

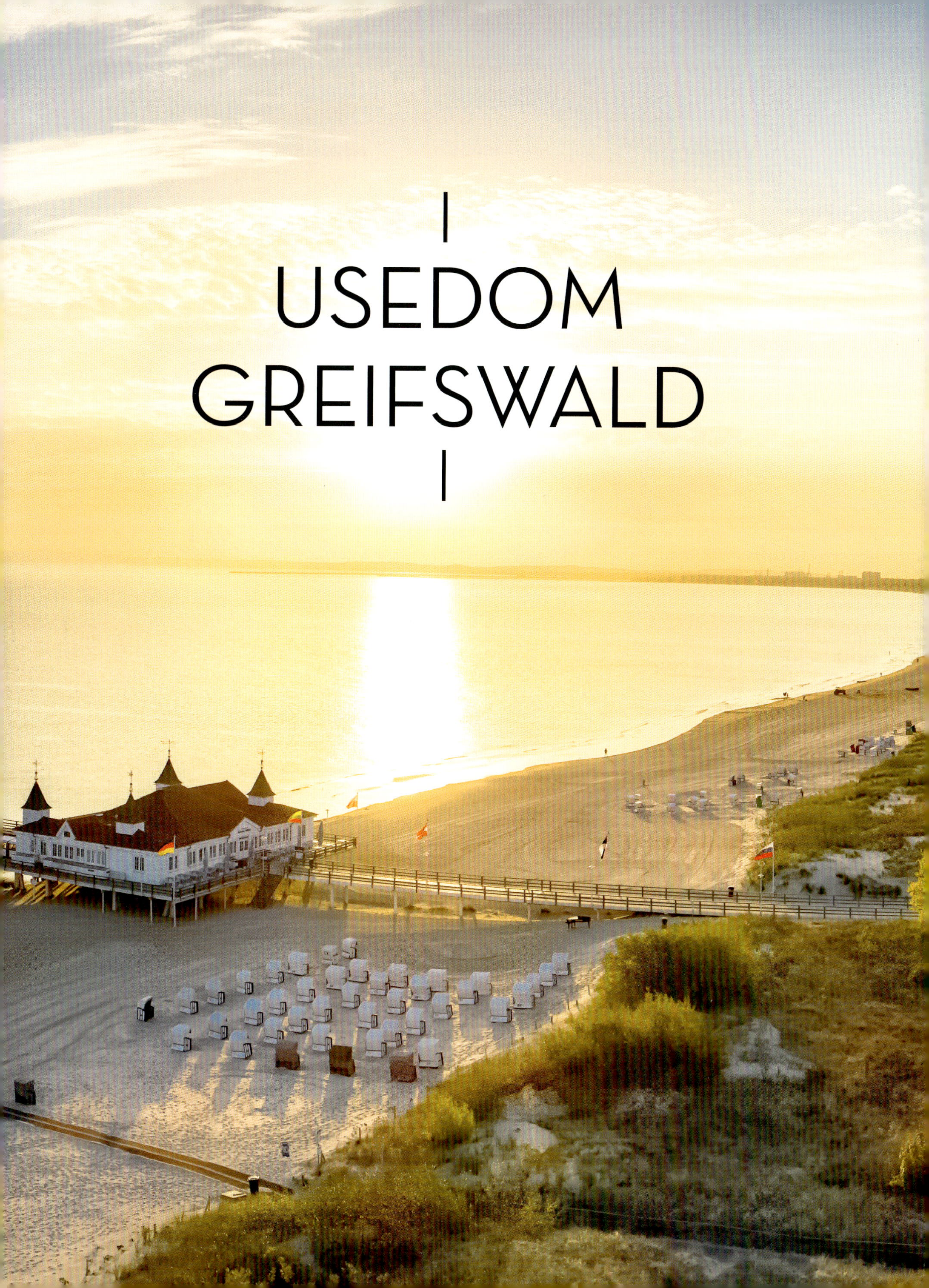
USEDOM
GREIFSWALD

USEDOM UND GREIFSWALD

Marathonstrand und romantische Seehafenstadt

Feiner weißer Sandstrand, so weit das Auge reicht: Usedoms Strand ist 42 Kilometer lang und bis zu 80 Meter breit. Doch nicht nur 7 000 Strandkörbe warten auf Urlauber, auch 200 Kilometer Radwege wollen erfahren und 400 Kilometer Wanderwege erlaufen werden. Und das Usedomer Musikfestival präsentiert abends die musikalische Vielfalt Nordeuropas.

GEHT NOCH EIN BISSCHEN MEER? In **Usedom** ist die Ostsee nicht nur zum Baden da. Was wären die Seebrücken der Kaiserbäder, ohne beim Entlangflanieren das Rauschen der Wellen unter einem zu hören? Wenn die Brandung das Meerwasser zerstäubt, prickelt die Seeluft in den Lungen. Kilometer um Kilometer lässt sich barfuß im Spülsaum der See wunderbar spazieren.

SONNENINSEL HOCH IM NORDEN

In der Literatur heißt es, die Ostsee sei eine launische Geliebte. Mal mit weißen Kämmen, mal spiegelglatt, mal brodelnd, mal erstarrt vom eisigen Wetter. Gut, dass sich die vom Atlantik übers Festland ziehende feuchte Seeluft meist schon auf dem Weg in den Osten abregnet und dann über Usedom als trockene Landluft ankommt. Dadurch bilden sich hier weniger Wolken und die Sonne scheint durchschnittlich um die **1 900 Stunden** im Jahr. Dann riecht es auf der Insel nach Sonnencreme, Kiefern und Magnolien.

Die zweitgrößte deutsche Insel liegt in der **Pommerschen Bucht** vor den Mündungen von Oder, Swine und Peene. Der Peenestrom, das Stettiner Haff und das Achterwasser trennen sie vom Festland. Gemeinsam mit dem Westufer des Peenestroms gehört die Insel zum **Naturpark Insel Usedom**. Im Achterland, dem weiten Land hinter der Ostsee, ist Usedom still und ursprünglich. Die Gletscher der letzten Eiszeit haben hier eine hügelige Landschaft hinterlassen. Der nahe der polnischen Grenze gelegene Golm, die höchste Erhebung der Insel, bringt es auf 69 Meter.

1 Greifswalder Oie
S. 141

2 Seebad Zempin S. 143

3 Benzer Kirche
St. Petri S. 145

4 Ahlbecker Seebrücke
S. 148

5 Klosteranlage Eldena
S. 153

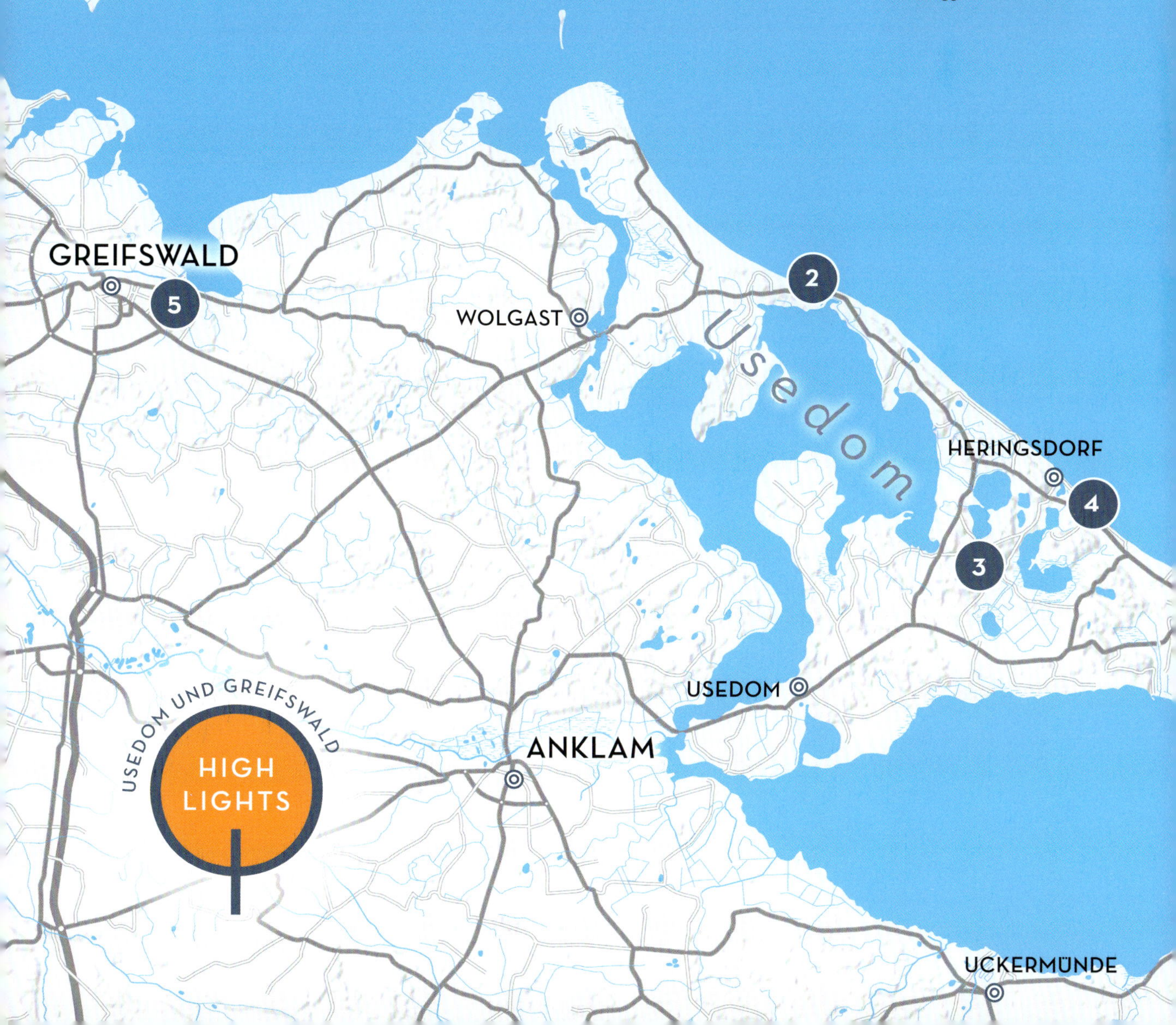

Vom Sieben-Seen-Blick in Neu-Sallenthin und vom Kückelsberg kann man bis zum Stettiner Haff sehen.

Adlige und reiche Bürger leisteten sich im frühen 19. Jahrhundert prächtige Sommerhäuser auf Usedom. Auch Maler, Musiker, Komponisten und Dichter zog die Schönheit der Insel an.

TOR ZUR INSEL USEDOM

Wolgast ist mit seiner blauen **Waagebalken-Klappbrücke** über den Peenestrom eines der Tore zur Insel Usedom. Die Stadt zählt zu den ältesten in Pommern. Im Stadtkern sieht man noch, dass Wolgast früher Residenz der pommerschen Herzöge und wichtiges religiöses Zentrum der Region war. Von St. Petri, der Hofkirche der ehemaligen Herzöge zu Pommern-Wolgast, führt zur Kapelle St. Gertrud, dem Nachbau des heiligen Grabs, ein **Jerusalem-Kreuzweg**. Herzog Wartislaw IX. ließ ihn im 15. Jahrhundert nach einer Jerusalemreise nachbauen. Die Eins-zu-eins-Kopie des Kreuzweges in Wolgast ist eine römische Meile lang und entspricht der Länge des Kreuzweges in Jerusalem.

TIPP
PRAKTISCH

In der Schusterstraße 27 in Wolgast findet man eine besondere Flechtwerkstatt. Bei „verflochtenes" werden Körbe, Taschen und Schalen auf Bestellung geflochten, solide und individuell. www.verflochtenes.de

Blaues Wunder von Wolgast

Der **Museumshafen** liegt im Peenestrom und trennt die Schlossinsel vom Festland. In Deutschlands östlichster Seehafenstadt liegt die „Stralsund", das älteste erhaltende Dampffährschiff der Welt. **Rundfahrten** im Achterwasser und entlang des Peenestroms bieten die „MS Stralsunder", der Traditionssegler „Ernestine" und der Topsegelschoner „Weiße Düne" an.

Auf der 54 Kilometer langen Route der Norddeutschen Romantik, die am Rungehaus in Wolgast losgeht und nach Greifswald führt, gelangt man durchs Schifferdorf Freest, das Seebad Lubmin, vorbei an Schloss Ludwigsburg bis zur Klosterruine Eldena.

Freest mit seinem kleinen Badestrand am Greifswalder Bodden eignet sich gut für einen Zwischenstopp zum Sonnenbaden oder Schwimmen.

Der aus einer Bauernfamilie stammende Wolgaster **Philipp Otto Runge** war neben Caspar David Friedrich nicht nur der bedeutendste Maler der norddeutschen Romantik, er schrieb auch bis dahin nur mündlich überlieferte plattdeutsche Märchen auf, das bekannteste: „Vom Fischer un sin Fru". Die maßlose Isebill treibt ihren Mann, den ängstlichen Fischer, mit ihren ewigen Forderungen in die Verzweiflung. Jedes Jahr im Juli und August finden auf der Schlossinsel Wolgast die Festspiele statt. *www.vorpommersche-landesbuehne.de*

Von Wolgast kommt man zuerst in den Usedomer Norden mit seinem riesigen **Dünengebiet** entlang der Ostsee. Karlshagen, Trassenheide und Zinnowitz sind schöne Ostseebäder. Die See ist hier so flach, dass sich das Wasser schneller erwärmt als anderswo. Im Sommer wird es bis zu 21 Grad warm. Am Karlshagener Strandvorplatz empfängt die liegende „Strandjungfrau" die Badegäste. Von **Karlshagen** starten Ausflugsschiffe nach Wolgast und zur Insel Oie, oft auch „Helgoland der Ostsee" genannt.

Am Hafen von Karlshagen beginnt ein Fahrradweg, der am Peenestrom entlang bis zum Hafen in Peenemünde führt. Auf der Promenade kann man den Hafen von drei Seiten umlaufen.

❶ *Oie, die kleine Insel in der Ostsee*

STRENG GESCHÜTZTES EILAND

Das Inselchen ❶ **Greifswalder Oie** ist so groß wie das Fürstentum Monaco. Immobilienhändler wollten es sich nach der Wende unter den Nagel reißen. Umwelt- und Naturschützer verhinderten das. Das kleine Vogelparadies liegt zwölf Kilometer vor Usedom in der Ostsee und ist deren östlichste Insel. In der Saison dürfen pro Tag maximal 50 Besucher auf die Insel, auf die man per Schiff von Peenemünde und Freest aus übersetzen kann. Eine vorherige Reservierung empfiehlt sich. Auf der Greifswalder Oie wächst zudem eine Vielzahl von recht seltenen Pflanzen wie Salzmiere, Strandroggen und Kartoffelrose.

RAKETEN AUS PEENEMÜNDE

In **Peenemünde**, ganz im Norden der Insel, lag von 1936 bis 1945 das größte militärische Forschungszentrum Europas. Bis zu 12 000 Menschen arbeiteten hier an neuartigen Waffensystemen, mit denen die Nationalsozialisten den Krieg noch für sich entscheiden wollten. Das Historisch-Technische Museum Peenemünde dokumentiert die Entstehung und Nutzung dieser Raketentechnik.

TIPP
PRAKTISCH
Im Schatten des riesigen Kraftwerks von Peenemünde liegt Ursula Latus' Bootsbauschule. In der kleinen Werft kann man sich in Kursen sein eigenes Kanu oder Kajak bauen – oder aber fertigen lassen. www.boot-workshop.de

NATUR ABSEITS DES TRUBELS

Trassenheide ist eines der kleinsten Ostseebäder Usedoms, hat dafür aber Europas größte Schmetterlingsfarm. In einer 2 600 Quadratmeter großen Freilufthalle leben Tausende bunter Schmetterlinge. Von der Raupe bis zum fertigen Falter sieht man in angenehmem Klima und bei hoher Luftfeuchtigkeit alle Entwicklungsstadien. In der Puppenstube kann man miterleben, wie die Schmetterlinge schlüpfen.

Auf der naturbelassenen **Halbinsel Gnitz** kann man gut spazieren gehen und Rad fahren. Ein Anlaufpunkt ist der Hofladen Villa Kunterbunt mit seinen pommerschen Produkten. Mehrere regionale Höfe haben sich zusammengetan, um hier saisonales Obst und Gemüse, Marmeladen, vegetarische Brotaufstriche und Seife aus Schafsmilch zu verkaufen. *www.hofladen-usedom.de*

Auf Gnitz werden immer häufiger **Seeadler** gesichtet. Mehr als 20 Paare brüten regelmäßig auf Usedom. Damit ist die Population auf der Insel höher als sonst wo in Deutschland. Seeadlerweibchen legen im Frühjahr ein bis drei Eier und bebrüten sie einen guten Monat lang. Nach dem Schlüpfen ist das Seeadlermännchen einen weiteren Monat damit beschäftigt, Nahrung für die Jungen zu beschaffen.

SEEBAD MIT TRADITION

Zinnowitz mit seiner Bäderarchitektur liegt zwischen Ostsee und Achterwasser. Der klassische Urlaubsort mit seiner langen Promenade ist belebt. Die Strandpromenade und die Neue Strandstraße sind mit ihren vielen Restaurants und Geschäften die beliebtesten Bummelstraßen und führen direkt auf die 315 Meter lange Seebrücke zu. Vom Lift-Café gibt's den schönsten Ausblick über das Ostseebad. An Zinnowitz' Sportstrand kann man Jetski fahren oder ein Jetski-Flyboard testen. Die **Bernsteintherme** besitzt neben der Strandsauna ein 850 Quadratmeter großes Meerwasserschwimmbecken.

Der kleine **Naturhafen** an der **Krumminer Wiek** lohnt einen Ausflug von Zinnowitz. Die in das Dorf führende Lindenallee ist die längste Vorpommerns. Das Restaurant Hafenterrasse in Krummin nimmt Regionalität und Nachhaltigkeit ernst. Der auf der großen Terrasse servierte Käse kommt vom pommerschen Diakonieverein in Züssow, das Eis aus Neuendorf und die Teekräuter aus Lassan. Coffee-to-go-Becher gibt's hier nicht, bei großen Veranstaltungen kommt das Essen auf biologisch abbaubarem Palmblattgeschirr.

MIT ROBBEN BADEN

An Usedoms Stränden sind die Kegelrobben zurück. Rund 25 000 gibt es im gesamten Ostseeraum wieder. Auch wenn die Robben mit ihren Knopfaugen putzig wirken und man sie aufgrund ihres Körperbaus als behäbig einschätzt, sollte man sich nicht täuschen. Die bis zu 300 Kilo schweren Raubtiere können sich erstaunlich schnell bewegen. Besonders vor Muttertieren mit ihren Jungen sollte man am Strand mindestens 100 Meter Abstand halten. Fühlen sie sich bedrängt, können sie schnell zubeißen, und Robbenbisse sind hochinfektiös. Wassersportler sollten am besten sogar 300 Meter Abstand zu schwimmenden Tieren halten und sie nicht stören.

Zeesboot im Naturhafen Krummin

❷ *Strandgang in Zempin*

BERNSTEINBÄDER MIT REETDACHHÄUSERN

Am Ostseestrand ist immer wieder Bernstein zu finden. So haben sich die vier ehemaligen Fischerdörfer Zempin, Koserow, Loddin und Ückeritz, die wie auf einer Bernsteinkette aneinandergereiht dort liegen, als Bernsteinbäder zusammengeschlossen.

❷ **Zempin**, das zudem das kleinste Seebad Usedoms ist, punktet mit Ruhe und Natur. Der Ort liegt an der schmalsten Stelle der Insel und wird von zwei Seiten von Wasser umrahmt. Vor dem langen Sandstrand tost die Ostsee, gleich gegenüber ist das Achterwasser – dazwischen nur grüner Küstenwald und Orchideenwiesen.

TIPP
SEHENSWERT
Wohnhaus, Atelier und Garten des Malers Otto Niemeyer-Holstein sind ein Gesamtkunstwerk. Im Museum in Lüttenort kann man Werke des Künstlers an dem Ort erleben, an dem sie zum größten Teil entstanden sind.
www.atelier-otto-niemeyer-holstein.de

Zempins Ortskern prägen 50 gut erhaltene Reetdachhäuser. Die große Eiche am Anglerhafen ist mit ihren 350 Jahren fast so alt wie Zempin selbst. Künstler wie Otto Niemeyer-Holstein, Hugo Scheele, Rosa Kühn und Kurt-Heinz Sieger hatten Zempin zu ihrer Zweitheimat gemacht.

Ein gut beschilderter Naturlehrpfad führt auf neun Kilometern rund um den Ort und bietet viel Wissenwertes.

Wer um das Naturkleinod **Wockninsee** laufen will, kann Fahrrad oder Auto auf dem Parkplatz am Forstamt Neu Pudagla abstellen. Auf der anderen Seite der Bundesstraße 111 geht's in den Wald, immer den Schildern mit einem grünen Schrägbalken zum Strandsee folgen. Manche der mehr als 400 Jahre alten Buchen und Eichen haben einen Stammumfang von vier Metern. Schon im Mittelalter wurde der Wald von Schweinehirten zur Eichelmast genutzt. Die Oberfläche des Moorwassersees sieht man nur vom kleinen Aussichtsturm aus, weil der See komplett zugewachsen ist. Der dichte

Schilfgürtel schützt auch Haubentaucher und Moorfrösche. Knapp zweieinhalb Kilometer lang ist der Naturlehrpfad um den See herum.

Zurück am Forstamt lohnt sich noch der **Gesteinsgarten**. Mit schwerem Gerät wurden 140 Findlinge von der ganzen Insel hierhergebracht. Sie sind Überbleibsel, die während der jüngsten Eiszeit ein riesiges Gletscherschild vor sich hergeschoben hat. Die bis zu elf Tonnen schweren Steine stammen aus Dänemark, Schweden, Finnland sowie von den Inseln Bornholm, Öland und Gotland. Die ältesten werden auf zwei Milliarden Jahre geschätzt. Viele tragen Abdrücke von Ammoniten, Muscheln und Korallen.

In **Koserow** hat die Legende um die bei einem Sturmhochwasser in der Ostsee **versunkene Stadt Vineta** ihren Ursprung. Vom Steilufer aus blickt man bis nach Rügen und Wolin. Das Ensemble von schilfgedeckten Salzhütten neben der Seebrücke ist der Selfie-Hotspot Koserows. Wo früher Salz und eingelegte Heringe gelagert wurden, wird heute Fisch geräuchert. In der Feldsteinkirche aus dem 13. Jahrhundert finden in der Reihe „Klassik am Meer" Theateraufführungen, Konzerte und Lesungen statt. Kelchs Fischrestaurant in Koserow sieht fast noch wie im Eröffnungsjahr 1896 aus. Deshalb trägt es mittlerweile auch den Doppelnamen Fisch- & Museumsrestaurant. Zusätzlich zu Fisch gibt es auch Wildgerichte aus eigener Jagd.
www.kelchs.de

Loddin hat einen See an der See zu bieten. Weißen Sandstrand an der Ostsee und am Achterwasser reetgedeckte Häuser und den vom Schilf eingerahmten, kleinen Sportboothafen.

Ein schöner Wanderweg zum **Loddiner Höft**, einem 16 Meter hohen Steilufer, beginnt am Fischrestaurant Waterblick. Über eine hügelige Weide geht es hinauf zur Südspitze des Höfts. Hier kann man sich gut vorstellen, wie riesige Eismassen vor mehreren Tausend Jahren die Landschaft geformt haben. Es hat sich herumgesprochen, dass man von hier oben einen herrlichen Blick hat, wenn die Sonne orangefarben im Achterwasser untergeht.

TIPP
KULINARISCH
Im Loddiner Hausladen Waterblick „Anna & Paul" gibt's hausgemachte Köstlichkeiten: Kräuteröle, Liköre, Fruchtaufstriche und pommersche Wurstspezialitäten.
https://hausladen-waterblick.business.site

Wer schon früher am Tag hier unterwegs ist, kann rechts hinter der Bank den etwas zugewachsenen Wanderweg hinunter zur Loddiner Badestelle nehmen. An der Badebucht ist es schön ruhig und anders als in der Ostsee gibt es keine Strömung. Die Ortsteile Kölpinsee und Stubbenfelde sind durch eine Dünenpromenade miteinander verbunden. Auf dem benachbarten Mühlenberg, dem nördlichsten Weinberg Deutschlands, wachsen die Reben für den Loddiner Abendrot.

Naturschutzgebiet Wocknisee

Liegeplatz bei Koserow, wo Usedom sehr schmal ist

Ückeritz, am südlichen Ende der Landenge gelegen, ist das waldreichste Seebad der Insel. Zu DDR-Zeiten lag im Dünenwald zwischen Ückeritz und Bansin einer der größten Campingplätze Europas mit Platz für rund 20 000 Camper.

Der nahe Hafen Stagnieß, früher ein Industriehafen, wurde zur Marina umgebaut und bietet Wasserwanderern 65 Liegeplätze. Am Sportboothafen kann man Surfen und Segeln lernen.

STERNE FÜR BENZ

Die Benzer Kirche war eines der Lieblingsmotive Lyonel Feiningers, der viele Jahre in den Sommermonaten nach Usedom reiste. Allein in seinem letzten Lebensjahr malte er den Feldsteinbau mit dem wuchtigen Turm dreimal. Auf dem Kirchhof von 3 **St. Petri** sind der Maler Otto Niemeyer-Holstein und der Schauspieler Rolf Ludwig begraben. In dem einschiffigen Bau leuchten 135 Sternenbilder in Gold, Weiß und Blau vom Deckengewölbe. Sie stammen von einem Meister aus dem 19. Jahrhundert, der die Kassettendecke als Sternenhimmel gestaltete.

BÄDERARCHITEKTUR UND DER KAISER

Zwischen Heringsdorf, Bansin und Swinemünde liegt Europas größtes Ensemble erhaltener Bäderarchitektur. Mehr als **200 prächtige Villen** machen den Charme der Bäder Ahlbeck, Heringsdorf und Bansin aus. Seit auch Kaiser Wilhelm II. hier urlaubte, nennen sie sich die Kaiserbäder. Von der Gründerzeit bis in die 1920er-Jahre entstanden am bis zu 70 Meter breiten Strand Bauten im Renaissance-, Barock- oder Jugendstil. Nirgendwo stehen so viele Bäderarchitekturvillen auf einem Fleck wie an der **Bansiner Bergstraße**.

3 *Sternenhimmel der Benzer Kirche*

UFA-Schauspieler wie **Heinz Rühmann** und **Willi Fritsch** machten hier Urlaub. Die Inneneinrichtung ihres Lieblingscafés Asgard ist noch original erhalten. Der Begründer der Gruppe 47, **Hans Werner Richter,** kam in Sallenthin, heute ein Ortsteil Bansins, zur Welt. Zu seinem Literatenkreis gehörten Heinrich Böll, Siegfried Lenz, Marcel Reich-Ranicki und Günter Grass. Richter zu Ehren wurde das alte Feuerwehrhaus in der Waldstraße zum Literaturhaus umgestaltet. Dort sind das Arbeitszimmer und die Bibliothek des Schriftstellers zu besichtigen.

Bansins Strandpromenade, die weiter nach Ahlbeck und Heringsdorf führt, wurde um 3,6 Kilometer verlängert und reicht seither bis Swinemünde. Insgesamt ist sie jetzt zwölf Kilometer lang und kann gut mit dem Fahrrad befahren werden. In der Nähe des Hauptstrandzugangs in Bansin stehen neben dem Musikpavillon, in dem viele Konzerte stattfinden, die **historischen Umkleidewagen**. Als erstes Seebad auf Usedom erhielt Bansin 1923 die „Freibade-Erlaubnis". Damals zogen Pferde die Umkleidewagen ins Wasser.

Entlang der Kaiserbäder findet in der Regel Anfang März das nördlichste **Schlittenhunderennen** Deutschlands statt. Zwischen den Seebrücken von Bansin, Heringsdorf und Ahlbeck verfolgen mehr als 50 000 Zuschauer an drei Tagen die Trainings und die Rennen.

Kurz vor der polnischen Grenze liegt am Stettiner Haff das Fischerdorf **Kamminke**. Kopfsteinpflasterstraße und reetgedeckte bunte Fischerkaten vermitteln den Eindruck, dass hier die Uhren langsamer laufen als in den Kaiserbädern. Doch auch hier wurden viele der historischen Häuschen aufwendig renoviert und zu Ferienhäusern umgebaut.

Heinrich Mann nannte Heringsdorf in den 1930er-Jahren die Badewanne Berlins. Hier traf er den Künstler Lyonel Feininger, den Komponisten Johann Strauß und seine Schriftstellerkollegen Theodor Fontane und Leo Tolstoi. Die **Villa Irmgard**, in der Maxim Gorki arbeitete, ist heute ein Museum. Heringsdorf knüpft mit seinen Kulturaktivitäten an diese Tradition an. Literaturtage, Dichternächte, Konzerte und Kleinkunstveranstaltungen machen Heringsdorf zum kulturellen Zentrum Usedoms. An der Strandpromenade fällt ein **XXL-Strandkorb** auf. Es ist der Originalstrandkorb des G8-Gipfeltreffens aus dem Jahr 2007. Gebaut wurde der sechs mal vier Meter große Strandkorb von Deutschlands ältestem Strandkorbhersteller, der Korbwerk Usedom GmbH in Heringsdorf.

Seit mehr als 100 Jahren gibt es auf Usedom auch einen kleinen **Flughafen**, der nur elf Mitarbeiter angestellt hat. 1919 wurde der Flugverkehr aufgenommen. Rund 40 000 Passagiere starten oder landen hier im Jahr. Linienflugverbindungen gibt es nach Frankfurt/Main, Stuttgart, Düsseldorf, Dortmund und Zürich. In der Nähe der Terminals, im Hangar 10, werden historische Flugzeuge ausgestellt.

TIPP **KULINARISCH**

Zur Kaffee- und Kuchenzeit ist das Forsthaus Fangel, Fangel 15, bei Bansin in den Sommermonaten eine gute Adresse. Es liegt etwas versteckt im Wald Richtung der Krebsseen. Bis auf den Ruhetag Montag ist es zwischen 14 und 18 Uhr geöffnet.

Sanfte Wellen für Stand-up-Paddler

❹ *Schon 1882 wurde in Ahlbeck eine Seebrücke gebaut*

EIN HAUCH VON NOSTALGIE

Die ❹ **Ahlbecker Seebrücke** ist ein echter Hingucker und gilt als Wahrzeichen Usedoms. Während **Heringsdorf** die längste bewirtschaftete Seebrücke aufweist, ist Ahlbeck darauf stolz, die älteste Seebrücke dieser Art in Deutschland zu haben. Zunächst wurde 1882 über dem Strand eine hölzerne Plattform errichtet, 1898 erfolgte dann der Bau des 280 Meter langen Seestegs, der Schiffen einen Anlegeplatz bieten sollte. Schon bald entwickelte sich die Brücke zu einer beliebten Flaniermeile. Heute zählt sie zu den meist fotografierten Motiven der Insel und dient auch regelmäßig als Filmkulisse. So wurden zum Beispiel etliche Szenen für Loriots Film „Pappa ante Portas" dort gedreht.

Erste Adresse ist seit der Jahrhundertwende der legendäre **Ahlbecker Hof**, in dem schon Kaiser Franz Josef I., Schwedens Königin Silvia oder Königin Margarethe II. von Dänemark übernachteten. Es verwundert schon fast, dass im Ort auch noch Fischerkaten aus der Zeit vor dem Badebetrieb existieren.

Ein ganz besonderes **Andenken** an die Insel produziert Inselherz-Design in Ahlbeck. Von der am Ostseestrand gefundenen Muschel kann man sich eine Schmuckform herstellen lassen, die dann in Silber gegossen wird, jedes Schmuckstück ein Unikat. *www.inselherz-design.de*

MADE IN USEDOM

Abseits des Badebetriebs und der Seebäder zeigt sich noch ein anderes Usedom. Im weiten **Achterland** hinter der Ostsee im Lieper Winkel oder im Thurbruch gibt es eines der größten Niedermoorgebiete Norddeutschlands.

Bei Wanderungen oder auf Radtouren kommt man an Mühlen in Pudagla und Benz, am Wasserschloss Mellenthin und dem Schloss von Stolpe vorbei. Die **Kulturmühle Benz** ist komplett mit Eichenschindeln eingedeckt, um dem Ostseewetter zu trotzen. Von April bis Oktober finden hier viele Veranstaltungen statt. Pudagla war früher das reichste Kloster der Region. Von der Anlage sind nur noch wenige Mauern erhalten.

Aus dem **Wasserschloss Mellenthin** riecht es häufig verführerisch gut nach Kaffee. In der ehemaligen Schlosshofkapelle wird jeden Tag Rohkaffee aus vielen Regionen der Welt in kleinen Mengen frisch geröstet. Die „Erste Usedomer Kaffeerösterei" setzt dabei auf niedrige Temperaturen und ausgetüftelte Röstintervalle im traditionellen Trommelröster. *www.wasserschloss-mellenthin.de*

Das Wasserschloss Mellenthin ist auch idealer Ausgangspunkt für den 56 Kilometer langen **Feininger Radweg**. Über Neppermin geht es an die Ostseeküste. Kurz vor der polnischen Grenze führt der Weg ins Landesinnere über Zirchow, Korswandt und Gothen zurück nach Mellenthin. Auf dem Weg kommt man an 80 Motiven vorbei, die der Maler Lyonel Feininger in seinen Gemälden, Grafiken und Aquarellen verewigt hat.

In **Stolpe** hat sich das Restaurant Remise mit Pommern-Tapas einen Namen gemacht. Der renovierte Pferdeschuppen gehörte zu einer schlossähnlichen Herrenhausanlage, die nach der Bodenreform 1945 teilweise abgerissen wurde, um Baumaterial für andere Gebäude zu erhalten. Ohne das Engagement eines Bürgervereins wäre auch die Remise verfallen. Heute bilden Schloss, Remise und die nahe gelegene Kirche wieder den Mittelpunkt der Gemeinde. Das Schloss kann besichtigt werden, eine Ausstellung informiert über die Bau- und Eigentümergeschichte. *www.restaurant-remise-schloss-stolpe.de*

TIPP
KULINARISCH

Im Hofcafé Landlust in Grüssow im Lieper Winkel sitzt man zwischen Obstbäumen beim Kaffee und hört die Ponys schnauben. Bei trübem Wetter gibt's Kuchen, Waffeln oder herzhafte Kleinigkeiten auch in der schön renovierten Scheune des Bauernhofs. www.usedom-lieperwinkel.de

Die **Stadt Usedom**, die der Insel den Namen gab, ist der älteste Ort des Eilands. Die Kleinstadt liegt schön an einer Bucht des Stettiner Haffs, dem Usedomer See. Die Inselmühle in der Bäderstraße 9 ist eine Naturmanufaktur für hochwertige Speiseöle, naturbelassene Obst- und Gemüsesäfte und Aufstriche. Auf fast 90 Hektar baut die Manufaktur selber Aprikosen, Nektarinen, Pfirsiche, Walnüsse und Kornelkirschen an, um lange Transportwege und Kühlzeiten zu vermeiden. Insellandwirte liefern die

TIPP
SEHENSWERT

Das Usedomer Hinterland abseits der quirligen Seebäder wurde durch die riesigen Gletscher der jüngsten Eiszeit geformt. Weil die abwechslungsreiche Moränenlandschaft hügelig ist, wird sie liebevoll auch die Usedomer Schweiz genannt.

Kulturmühle Benz

Kraft„tankstelle" auf Usedom

Ölsaaten für Usedoms flüssiges Gold, das kalt gepresste Speiseöl. Bevor man im Laden einkauft, kann man alle Produkte im dazugehörigen Café probieren. *www.inselmuehle-usedom.de*

Im Dargener Ortsteil Prätenow bietet der Hofladen Kräuter-Verbena von Mai bis Oktober 100 verschiedene selbst gezogene Küchenheil- und Duftkräuter an. Dort können auch Kräuterwanderungen mit anschließendem Wildkräutermenü gebucht werden. *www.kraeuterverbena.de*

Direkt am Hafen von Rankwitz kann man gut Fisch essen. „Zur alten Fischräucherei" mariniert und räuchert selbst. Je nach Jahreszeit und Fangsaison wird im Laden neben Räucher- auch Frischfisch verkauft. *www.hafen-rankwitz.de*

VERBINDUNG ZUM FESTLAND

Seit 1875 war Usedom über die **Karniner Brücke** an das Eisenbahnnetz angeschlossen. Ein Teil der Brücke wurde am Ende des 2. Weltkriegs von der Wehrmacht gesprengt. Nur das mittlere Hubteil blieb erhalten. Das technische Denkmal steht mitten im inneren Küstengewässer, das das Stettiner Haff mit dem Peenestrom verbindet. Bisher sind alle Versuche finanziell gescheitert, die Hubbrücke zu restaurieren.

Eine ganz besondere Fähre pendelt zwischen dem Festlandhafen Kamp und Karnin auf Usedom. Mit Modulen auf dem Dach erreicht die neue **Solarfähre** eine Geschwindigkeit von 14 Stundenkilometern. 20 Fahrgäste und 15 Fahrräder passen auf die „Antonia vom Kamp". Usedom-Urlauber sparen sich damit den Umweg über Anklam, wenn sie im Naturpark Peenetal wandern oder Rad fahren wollen.

BERÜHMTER GREIFSWALDER SOHN

Wenn auf eine Stadt die Charakterisierung romantisch passt, dann auf **Greifswald**. Es ist die Stadt, die Caspar David Friedrich am stärksten prägte. 1774 wurde er als sechster Sohn eines Seifensieders hier in der Langen Straße geboren. Stadtansichten seiner Geburtsstadt wählte er als Motiv für seine Bilder und wurde mit seinen Gemälden zum Wegbereiter der Romantik. Obwohl er nach seinem Kunststudium in Dresden blieb, reiste er regelmäßig nach Vorpommern, um mit Pinsel oder Bleistift seine Eindrücke festzuhalten.

Greifswald ist stolz auf seinen berühmten Sohn und gibt Besuchern die Möglichkeit, die Stadt aus den Augen des Malers zu entdecken.

Der **Caspar-David-Bildweg** hat 15 Stationen. Der Weg startet in der Altstadt und führt über den Museumshafen zur Klosterruine Eldena. Der Weg endet am Pommerschen Landesmuseum, in dem sieben Originalgemälde des Malers und viele Grafiken hängen. Die ehemalige Stadtschule, in die das Museum eingezogen ist, wurde von Friedrichs Zeichenlehrer entworfen.

Im **Caspar-David-Friedrich-Zentrum**, dem ehemaligen Wohn- und Geschäftshaus der Familie Friedrich, erinnert eine Ausstellung an den großen Landschaftsmaler. Der Rügen- und der Eldena-Raum zeigen berühmte Motive aus Friedrichs Werk. Im Kellergewölbe ist die **Seifensiederei** des Vaters erhalten. Hier werden auch Kurse zur Herstellung von Kerzen und Seifen angeboten.

EIN DENKMAL DER BACKSTEINGOTIK

Das Herz der historischen Altstadt ist der 11 000 Quadratmeter große, gepflasterte Marktplatz mit seinen gotischen Wohnspeichern, dem kaiserlichen Postgebäude und der Alten Rats-Apotheke. Mit seinen farbenfrohen Fassaden könnte der Platz eins zu eins in eine Märklin-Eisenbahnwelt übernommen werden. Am imposantesten ist das ochsenblutrote **Greifswalder Rathaus**. Die Motive auf der schweren Bronzetür am Seiteneingang erinnern an die kampflose Übergabe der Stadt an die Rote Armee im April 1945.

Greifswalder Dom St. Nikolai

Prägend in der Altstadt ist der **leuchtend rote Backstein**. Aus Mangel an Naturgestein in Vorpommern wurden aus Lehmquadern Steine als vorherrschendes Baumaterial gebrannt. Zu den schönsten Kulturdenkmälern in Greifswald gehört das Quartier des heutigen Kulturzentrums St. Spiritus, das als städtisches Hospital im 13. Jahrhundert erbaut wurde. Um den schönen Innenhof herum ordnen sich kleine Hofhäuser mit ihren Werkstätten an, die Keramik und Druckworkshops anbieten. In der historischen Kapelle, dem ältesten Teil des ehemaligen Hospitals, werden Ausstellungen angeboten.

Die drei mittelalterlichen Backsteinkirchen der Altstadt werden von den Greifswaldern als „Langer Nikolaus", „Dicke Marie" und „Kleiner Jacob" bezeichnet. Der **Dom St. Nikolai** ist nach dem

TIPP
KULINARISCH

Greifswald bietet kulinarische Führungen durch die historische Altstadt an. Wo aßen schwedische Könige, wo die Handwerker? Wann und wo durften Bier und Wein ausgeschenkt werden? Zwischen Anekdoten gibt es vier kulinarische Stopps und individuelle Restauranttipps.
www.greifswald.info/stadtfuehrungen/kulinarische-fuehrung

Orgel der Hallenkirche St. Marien, auch „Dicke Marie" genannt

Schutzpatron der Seefahrer und Kaufleute benannt. Beeindruckend ist die Dombibliothek mit ihrem jahrhundertealten Bücherschatz der Franziskaner- und Dominikanermönche. Die **Marienkirche** ist mit ihrem mächtigen Ostgiebel, der aus dem Jahr 1360 stammt, eine der größten Hallenkirchen Norddeutschlands. Die dreischiffige Hallenkirche **St. Jacobi** ist die kleinste der drei Altstadtkirchen.

Neun repräsentative Bauwerke der Backsteingotik sind in Greifswald erhalten: die schmuckreichen Giebelhäuser am Markt 11 und 13, St. Nikolai, St. Marien, St. Jacobi, die Klosterruine Eldena, der Fangenturm, St. Spiritus und die Klosterbibliothek des Pommerschen Landesmuseums.

Greifswalds **Universität** ist nach Rostock die zweitälteste im Ostseeraum. Der historische Universitätscampus erstreckt sich zwischen den beiden Kirchen St. Nikolai und St. Jacobi. Im Hauptgebäude in der Domstraße befanden sich früher Hörsäle und die Wohnungen der Professoren. Die Aula in dem Renaissancebau gehört zu den schönsten Festsälen im Land und wird für Empfänge und Konzerte genutzt. Im Rahmen der Universitätsführungen wird in dem Gebäude auch der Studentenkarzer gezeigt, in dem zwischen 1885 und 1945 die Studenten eingesperrt wurden, die man wegen Trunkenheit oder anderer Delikte aufgegriffen hatte. Viele haben dabei ihre Gedanken an die Wände des Karzers geschrieben.

Weil die Hansestadt im Mittelalter immer wohlhabender wurde, investierte sie 1264 viel Geld in Verteidigungsanlagen. Heute sind noch Gräben, Türme, Tore und Teile der **alten Stadtmauer** übrig. Die Wallanlagen um das historische Herz der Stadt kann man gut ablaufen. Start ist am Fangenturm, der dem Abriss entging. Der Weg führt über das Mühlentor und den Kastanienwall bis zum Tierpark und die Credner Anlagen.

Früher befand sich auch der Botanische Garten, der ursprünglich ein Arzneipflanzengarten war, innerhalb der Stadtmauern. Doch weil es an Platz mangelte, wurde er an seinen heutigen Standort in der Grimmer Straße verlegt. Die drei **historischen Gewächshäuser**, Tropen-, Palmen- und Palmfarnhaus, sind einzigartige Stahlkonstruktionen und als „Denkmal von nationaler Bedeutung" eingestuft.

Greifswald – seit mehr als 500 Jahren Universität

ZEUGEN DER VERGANGENHEIT

Durch die Bilder von **Caspar David Friedrich** wurde die Ruine der 5 **Klosteranlage Eldena** weltweit zum Wahrzeichen der Romantik. Sie liegt fünf Kilometer östlich von Greifswald und ist vom Stadtzentrum aus gut mit dem Fahrrad zu erreichen. Zisterziensermönche bauten Eldena ab 1199 zu einem der bedeutendsten Klöster der Region aus. In der Reformationszeit erlitt das kunstvoll ausgestattete Kloster viele Zerstörungen. Für Bauprojekte in der Altstadt wurden Backsteine abgetragen und das Kloster zerfiel zur Ruine. Erst durch Friedrichs Bilder wurde vielen bewusst, welchen Schatz die Klosterruine darstellt. Preußenkönig Wilhelm IV. verbot 1827 weitere Plünderungen und in den Folgejahren wurde der preußische Landschaftsarchitekt Peter Joseph Lenné beauftragt, einen großzügigen Park um das Klostergelände anzulegen.

TIPP
ERLEBEN

Im Park um die Klosterruine Eldena finden regelmäßig historische Klostermärkte und Kulturveranstaltungen statt. Anfang Juli hallen die Klänge der Eldenaer Jazz Evenings durch die Klostermauern.

5 *Sehnsuchtsort der Romantik: Klosterruine Eldena*

Ein schöner Radweg führt vom Greifswalder Museumshafen auf dem fünf Kilometer langen Treidelpfad entlang des Rycks nach **Wieck**. Das 800 Jahre alte Fischerdorf liegt an der Mündung des Rycks in den Greifswalder Bodden. Wegen der vielen reetgedeckten Fischerkaten und der originalen Straßen steht das Dorf unter Denkmalschutz. Das Wahrzeichen von Wieck ist die **historische Holzklappbrücke** nach holländischem Vorbild. Sie verbindet Wieck und Eldena für Fußgänger und Radfahrer miteinander und ermöglicht den Schiffen die Durchfahrt in den Greifswalder Museumshafen. Noch heute werden die 13 Meter langen Klappen bei Bedarf zur vollen Stunde von Hand geöffnet. Direkt neben der Eingangstür des Hafenamts erinnern zwei Höhenmarken an die verheerenden Sturmfluten von

TIPP
ERLEBEN

An Bord der Museumsschiffe „Hanne-Marie“ und „Vorpommern“ kann man die Stadt vom Wasser aus entdecken und über Wieck hinaus auf den Greifswalder Bodden fahren.

1872 und 1995. Heute schützt ein modernes Sperrwerk das kleine Dorf vor Überflutungen.

Der **Greifswalder Museumshafen** ist mit seinen mehr als 50 Schiffen der größte Museumshafen Deutschlands. Historische Schoner, Schlepper und Barkassen erinnern an die große Zeit der Segelschifffahrt Mitte des 19. Jahrhunderts. Zu der Zeit fuhren die 50 Seeschiffe der Greifswalder Handelsflotte ins Schwarze Meer, nach Amerika, Ostindien und China. Hinweistafeln vor den Schiffen informieren über Schiffstyp, Baujahr und Geschichte.

DIE PERSER VON DER OSTSEE

Aus der Not der Greifswalder Fischer in der Weimarer Republik entwickelte sich ein Handwerk, das viele Kunstwerke hervorbrachte. Wegen zunehmender Konkurrenz und eines Mangels an Heringen fürchteten Mitte der 1920er-Jahre die Greifswalder Berufsfischer, ihre Existenz zu verlieren. Die Stadt schlug ihnen vor, in Heimarbeit als Nebenerwerb Teppiche zu knüpfen, und stellte ihnen die nötigen Geräte und Material zur Verfügung. Schließlich konnten die Männer ja auch Netze und Reusen herstellen. Das Experiment gelang: 8 000 Fischerteppiche mit Ostseemotiven entstanden. Die Farben entstammen der Lebenswelt der Fischer: Blautöne der Ostsee und des Himmels und Ocker von Sand und herbstlichem Schilf. Noch heute werden die Teppiche von Hand gefertigt. Bestellungen der Motivteppiche mit Wellen, Möwen, Schwänen, Sanddisteln oder Ankern kommen aus der ganzen Welt.

Nach holländischem Vorbild gebaut: Wiecker Klappbrücke

ERLEBNIS-TIPP

Sonnenuntergang am Achterwasser Der Peenestrom, der das Stettiner Haff mit der Ostsee verbindet und Usedom zur Insel macht, hat sich weit in die Insel hineingefräst. An der schmalsten Stelle ist Usedom nur noch 300 Meter breit.

Der Name Achterwasser kommt aus dem Niederdeutschen. Mit Achtern ist das Wasser hinter der Insel Usedom gemeint. Wenn die Wellen auf der Ostsee mal zu hoch sind, kann man hier immer noch segeln, Kajak fahren, windsurfen oder kiten. Abends bei Sonnenuntergang kommt Capri-Feeling auf. Regelmäßig treffen sich Gäste und Usedomer zum Sundowner – und es liegt nicht am Alkohol, wenn hinter Achterwasser und Loddiner Höft die Insel Usedom in den schönsten Farben leuchtet.

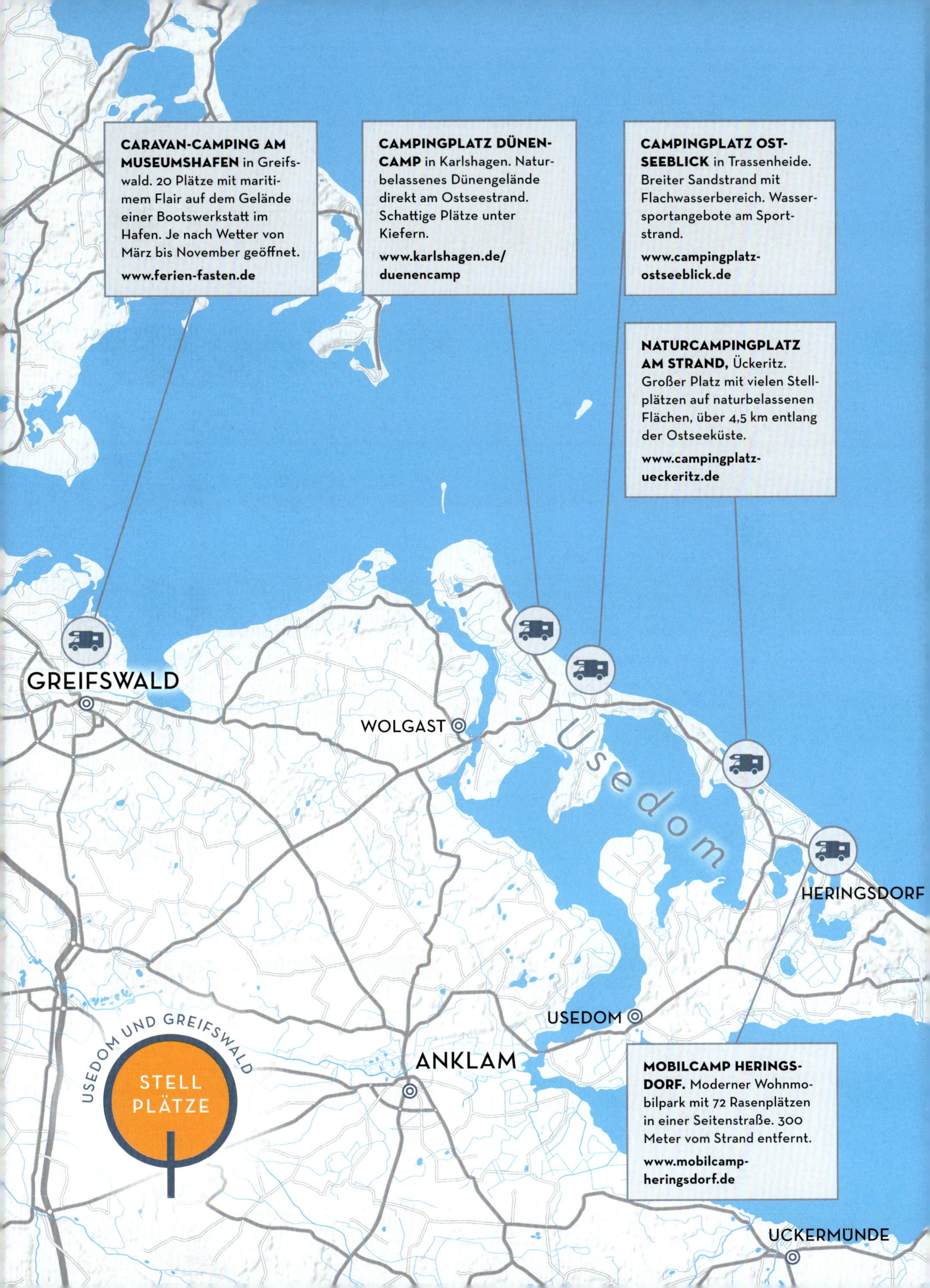

CARAVAN-CAMPING AM MUSEUMSHAFEN in Greifswald. 20 Plätze mit maritimem Flair auf dem Gelände einer Bootswerkstatt im Hafen. Je nach Wetter von März bis November geöffnet.
www.ferien-fasten.de
CAMPINGPLATZ DÜNENCAMP in Karlshagen. Naturbelassenes Dünengelände direkt am Ostseestrand. Schattige Plätze unter Kiefern.
www.karlshagen.de/duenencamp
CAMPINGPLATZ OSTSEEBLICK in Trassenheide. Breiter Sandstrand mit Flachwasserbereich. Wassersportangebote am Sportstrand.
www.campingplatz-ostseeblick.de
NATURCAMPINGPLATZ AM STRAND, Ückeritz. Großer Platz mit vielen Stellplätzen auf naturbelassenen Flächen, über 4,5 km entlang der Ostseeküste.
www.campingplatz-ueckeritz.de
GREIFSWALD
WOLGAST
Usedom
HERINGSDORF
USEDOM
ANKLAM
USEDOM UND GREIFSWALD
STELL PLÄTZE
MOBILCAMP HERINGSDORF. Moderner Wohnmobilpark mit 72 Rasenplätzen in einer Seitenstraße. 300 Meter vom Strand entfernt.
www.mobilcamp-heringsdorf.de
UCKERMÜNDE

Vineta-Festspiele auf der Ostseebühne Zinnowitz

Versunkene Städte

So etwas wie das sagenumwobene Loch Ness gibt es auch in Norddeutschland. Einige Städte wurden zu Mythen, weil sie angeblich vom Meer verschluckt wurden. Gab es sie wirklich? Auf jeden Fall gibt es zu Rungholt, Rethra und Vineta sagenhafte Geschichten.

UNHEIMLICHES GLOCKENLÄUTEN

Der Legende nach gibt es in Vorpommern Strände, wo man aus der Tiefe des Meeres Glocken läuten hört. Es kommt angeblich von den Kirchtürmen der untergegangenen Stadt Vineta. Die Bewohner der Handelsstadt sollen reich, verschwenderisch und hochnäsig gewesen sein. Bischöfe und Mönche, die versuchten, sie wieder auf den Weg der Demut zurückzubringen, wurden auch schon mal geköpft.

Auf der Suche nach der versunkenen Stadt

Mythen und Legenden auf der Bühne

DIE STRAFE FÜR PRUNKSUCHT

Das soll Gott so wütend gemacht haben, dass er ankündigte, sich mit einem Sturmhochwasser zu rächen – nicht ohne der Stadt noch eine letzte Chance zu geben. Er schickte drei Wasserfrauen, um Vineta einen Ausweg aufzuzeigen: Sollten sich drei gerechte Bürger in der verdorbenen Stadt finden, würde Vineta vor dem Untergang bewahrt. Zwei halbwegs unbescholtene Bürger fanden sich – der dritte verheimlichte, dass er neben seiner Ehefrau eine Geliebte hatte. Darauf sprach eine vor der Stadt aus dem Meer auftauchende Wasserfrau das endgültige Urteil:
„Vineta, Vineta, du rieke Stadt, Vineta sall unnergahn, wieldeß se het väl Böses dahn."
„Vineta, Vineta, du reiche Stadt, Vineta soll untergehn, weil sie viel Böses getan hat."

GESCHICHTE AUF DER FREILICHTBÜHNE 1

Tatsächlich gibt es mehrere historische Quellen, in denen ein reicher Seehandelsplatz auf einer Insel an der Mündung der Oder in die Ostsee beschrieben wird. Sogar die Schweine sollen dort aus goldenen Trögen gefressen haben. Vineta war Inbegriff für Prunksucht und den Verfall der Sitten.
Egal, ob alles erfunden ist oder ob vielleicht eines Tages eine Handelsstadt vor der Küste Rügens entdeckt wird: Die Vineta-Festspiele in Zinnowitz bringen diese Legende von Hochmut und Verschwendung mit Tanzeinlagen, Pyro-Licht und Lasertechnik eindrucksvoll auf die Bühne.
www.vorpommersche-landesbuehne.de

EXTRA

Bildnachweis

Adobe Stock/Andreas 117 Bild 4, 130; Adobe Stock/Bergringfoto 44; Adobe Stock/Carl-Jürgen Bautsch 54; Adobe Stock/Clarini 113l.; Adobe Stock/dina 91; Adobe Stock/eremit08 128; Adobe Stock/fotowunsch 4m., 10u., 85 Bild 6, 107; Adobe Stock/Frank Waßerführer 139 Bild 1, 141; Adobe Stock/hanseat 4l., 17 Bild 2, 23; Adobe Stock/Inge Knol 17 Bild 4, 26; Adobe Stock/konradkerker 2; Adobe Stock/LandhausMV 31; Adobe Stock/LianeM 117 Bild 2, 125; Adobe Stock/motivthueringen8 136; Adobe Stock/mstein 14; Adobe Stock/powell83 12; Adobe Stock/Rico Ködder 11; Adobe Stock/riebevonsehl 114; Adobe Stock/rphfoto 85 Bild 3, 93; Adobe Stock/SEB - www.sebfoto.de 35l.; Adobe Stock/Sina Ettmer 39 Bild 1, 40; Adobe Stock/Sinuswelle 71; Adobe Stock/travelguide 112; Adobe Stock: Uwe Kantz 153; Alte Pommernkate 103; Anke Neumeister/Deutsches Meeresmuseum 5r.; Campingpark Kühlungsborn GmbH 10o.; Hotel Arkona Dr. Hutter eK_Genusswerkstatt_Binz 90; iStock Foto/Jule_Berlin 9u.; iStock Foto/3quarks 61 Bild 1, 63; iStock Foto/ManuWe 82; KTB Prerow 80; Kurverwaltung Koserow Andreas Dumke 145, 156; pixabay/14578371 17 Bild 3, 24o., 61 Bild 4, 73; pixabay/5661461 18; pixabay/9883074 19; pixabay/9883074 24u.; pixabay/995645 124; pixabay/Alicia_Chan 17 Bild 5, 28; pixabay/analogicus 117 Bild 3, 122, 127, 151, 152; pixabay/artistico 88; pixabay/BenediktGeyer 61 Bild 2, 65o.; pixabay/blende12 81r.; pixabay/BNPT 61 Bild 5, 75; pixabay/congerdesign 60; pixabay/dianakuehn30010 140; pixabay/FelixMittermeier 85 Bild 5, 104; pixabay/Funki50 65u.; pixabay/GregMontani 84; pixabay/hpgruesen 39 Bild 4, Bild 5, 49, 50, 95, 101, 106; pixabay/Jochen_Schaft 51; pixabay/KRiemer 61 Bild 6, 76, 117 Bild 1, 120, 134, 139 Bild 5, 154, 155; pixabay/Laurits_p 48; pixabay/Lukas31 46; pixabay/Makalu 108; pixabay/Matthias Lemm 105; pixabay/matze2415 68; pixabay/Metatravel-Service 21; pixabay/mkupiec7 77; pixabay/moerschy 78; pixabay/Ödeldödel 45; pixabay/PDPics 135l.; pixabay/pixel2013 132; pixabay/polyquer 6; pixabay/ptra 72; pixabay/redcube75 85 Bild 2, 92; pixabay/sab_k 118; pixabay/Schneebarsch 144; Pixabay/soetinger 35r.; pixabay/The_GADman 42; pixabay/TheOtherKev 27; pixabay/Tho-Ge 74; Pixabay/ThomasWolter 34; pixabay/TmsidR 20; pixabay/Trixpaule 70; pixabay/WaldNob 58, 61 Bild 3, 67, 69, ; pixabay/wasi1370 66; pixabay/Zotx 64; pixabay/Zteven 87; Shutterstock/Anastazzo 102; Shutterstock/Andreas Mellentin 9o.; Shutterstock/DEWI-Stockphotos 139 Bild 2, 143; Shutterstock/imageBROKER.com 39 Bild 3, 47; Shutterstock/Juergen Wackenhut 85 Bild 4, 94; Shutterstock/konradkerker 100; Shutterstock/Marc Venema 131o.; Shutterstock/Michele Ursi 81 l.; Shutterstock/ricok 62; Shutterstock/Sina Ettmer Photography 126; Shutterstock/studioverde 97; Shutterstock/TeleMakro Fotografie 17 Bild 6, 32; Shutterstock/travelpeter 96; Shutterstock/uslatar 39 Bild 2, 43; Shutterstock/Wolfgang Zwanzger 36; Shutterstock/xpixel 30; Skurrileum 135r.; Usedom Tourismus GmbH Andreas Dumke 150; Usedom Tourismus GmbH Dirk Bleyer 139 Bild 4, 148; Usedom Tourismus GmbH Marc Bächtold 149; Usedom Tourismus GmbH Thies Philipp Jahnknecht 142; Virginie Holzner 147; Vorpommersche Landesbühne 158, 159l., 159r.; Wikimedia commons/Global Fish 110; Wikimedia commons/Hajotthu 41; Wikimedia commons/Nikater 39 Bild 6, 53; Wikimedia commons/Shisma 85 Bild 1, 86; Wikimedia commons/Stefan Schwarz 139 Bild 3, 146; Wikimedia commons/Unukorno 98; Wikimedia commons/Bundesanstalt für Wasserbau 17 Bild 1, 22; Wikimedia commons/FSJKler 8; Wikimedia commons/Uta-Katharina Gau 121; Wikimedia commons/Yuriy Kvach 113 r.

Impressum

Umschlaggestaltung von Studio Gramisci unter Verwendung eines Fotos von © Adobe Stock / riebevonsehl: Tauchgondel auf der Seebrücke in Zinnowitz, Usedom.
Frontispiz Seite 2: Adobe Stock / konradkerker: Kreidefelsen im Nationalpark Jasmund, Rügen.
Abbildungen Inhalt Seite 4-5: links: Shutterstock / Randy Pr: Schloss Bothmer; Mitte: Adobe Stock / fotowunsch: Seebrücke Ahlbeck; rechts: Anke Neumeister / Deutsches Meeresmuseum: Ozeaneum Stralsund.
Abbildung S. 6: pixabay / polyquer: Strandkorb an der Ostsee.
Einband-Rückseite: links: Adobe Stock / hfox: Seebrücke Sellin; rechts oben: pixabay / TheOtherKev: Seehund auf der Sandbank Lieps, rechts unten: iStock / RicoK69: Kreidefelsen im Nationalpark Jasmund.
10 gute Gründe: 1: pixabay / Jochen_Schaft; 2: pixabay / falco; 3: pixabay / wasi1370; 4: Shutterstock / Ryszard Filipowicz; 5: Anke Neumeister / Deutsches Meeresmuseum; 6: Adobe Stock / Shambhala; 7: Adobe Stock / ThomBal; 8: pixabay / KRiemer ; 9: iStock Foto / Jule_Berlin; 10: Wikimedia commons / Stefan Schwarz.

FSC
www.fsc.org
MIX
Papier aus verantwortungsvollen Quellen
FSC® C004592

Unser gesamtes Programm finden Sie unter: **www.belser.de**
Gedruckt auf chlorfrei gebleichtem Papier

ISBN 978-3-7630-2891-7
Projektleitung: Dirk Zimmermann
Lektorat: Helga Kronthaler
Gestaltung und Satz: Weiß-Freiburg GmbH – Grafik und Buchgestaltung
Produktion: Tatyana Momot
Druck und Bindung: FIRMENGRUPPE APPL, aprinta druck, Wemding
Printed in Germany/Imprimé en Allemagne